Harald Löw

Pflanzenöle

Anbau & Verarbeitung der gängigen Ölpflanzen

Herstellung von Spezial- und Gewürzölen

Leopold Stocker Verlag
Graz – Stuttgart

Titelgestaltung: Anita Schöberl, Graz
Umschlagfoto: Günter Hauer, Graz
Fotos im Textteil: Peter Köppel, LwKammer Linz; Ölmühle Fandler, Pöllau; Botanisches Institut der Universität Graz; IBG Monforts GmbH, Mönchengladbach; Helmut Pelzmann, Wies; Waldviertler Mohnhof, Ottenschlag; Ölmühle Riegler-Nurscher, St. Leonhard; die restlichen Bilder wurden vom Autor zur Verfügung gestellt.

Bibliografische Information Der Deutschen Bibliothek
Die Deutsche Bibliothek verzeichnet diese Publikation in der Deutschen Nationalbibliografie; detaillierte bibliografische Daten sind im Internet über http://dnb.ddb.de abrufbar.

Der Inhalt dieses Buches wurde vom Autor und vom Verlag nach bestem Wissen überprüft; eine Garantie kann jedoch nicht übernommen werden. Die juristische Haftung ist daher ausgeschlossen.

Hinweis:
Dieses Buch wurde auf chlorfrei gebleichtem Papier gedruckt.
Die zum Schutz vor Verschmutzung verwendete Einschweißfolie ist aus Polyethylen chlor- und schwefelfrei hergestellt. Diese umweltfreundliche Folie verhält sich grundwasserneutral, ist voll recyclingfähig und verbrennt in Müllverbrennungsanlagen völlig ungiftig.

ISBN 3-7020-0990-6
Alle Rechte der Verbreitung, auch durch Film, Funk und Fernsehen, fotomechanische Wiedergabe, Tonträger jeder Art, auszugsweisen Nachdruck oder Einspeicherung und Rückgewinnung in Datenverarbeitungsanlagen aller Art, sind vorbehalten.
© Copyright by Leopold Stocker Verlag, Graz 2003
Printed in Austria
Layout: Klaudia Aschbacher, A-8101 Gratkorn
Gesamtherstellung: Druckerei Theiss GmbH, A-9431 St. Stefan

INHALT

DIE ENTWICKLUNG DES ÖLPFLANZENBAUES IN EUROPA	7
DIE VOLKSWIRTSCHAFTLICHE BEDEUTUNG DES ÖLPFLANZENBAUES	8
DIE ÖLPFLANZEN IN EUROPA	9
FACHBEGRIFFE RUND UMS ÖL	10
ÖLPFLANZEN IM ENGEREN SINNE	12
Raps	12
Winterraps	12
Sommerraps	16
Rübsen	16
Winterrübsen	16
Sommerrübsen	20
Krambe, Abessinischer Meerkohl	21
Ölbaum/Olive	22
Mohn	23
Sonnenblume	26
Weißer Senf	29
Schwarzer Senf	31
Brauner Senf, Sareptasenf	33
Leindotter	33
Saflor	35
Erdmandelgras	37
Ölrauke	38
Ölrettich	40
Rizinus	41
Ölmadie	43
Schwarzkümmel	44
Ölkürbis	45
ÖLPFLANZEN MIT MEHRFACHER NUTZUNG	48
Lein	48
Hanf	50
Sojabohne	52
Öllupine	54

Mais	55
Walnuß	57
Haselnuß	58
Mandelbaum	58
Nachtkerze	59
Ölziest	60
Perilla	60
Nigersaat/Guizotia/Nug	61

SAMMELFRÜCHTE … 62

Rotbuche	62
Sträucher	64
Wildrose	64
Holunder	64

ÖLGEWINNUNG ALS NEBENNUTZUNG … 65

Spargel	65
Weinrebe	65
Tabak	65
Tomate	66

ANDERE QUELLEN FÜR ÖLE UND FETTE … 76

Steinöl	76
Fette aus Hefen und Schimmelpilzen	77
Fette aus Bakterien	77
Fette aus Algen	78

BILDUNG VON FETT IN PFLANZEN … 78

GEWINNUNG VON PFLANZENÖLEN … 79

Ölgewinnung in alter Zeit	80
Ölgewinnung in der heutigen Zeit	80
Fruchtfleischfette	80
Olivenölgewinnung	80
Samenfette	81
Reinigung/Vorbereitung	82
Schälen der Saat	82
Zerkleinern der Ölsaaten und -früchte	82
Wärmebehandlung	83

Ölgewinnung durch Pressen 84
Ölgewinnung durch Extraktion 86
Behandlung der Rohöle 86
Physikalische Weiterverarbeitung von Ölen 87
    Die Fraktionierung 87
Qualitätsbezeichnung für Speiseöle 89

PFLANZLICHE ÖLE UND IHRE BEDEUTUNG FÜR DEN MENSCHEN 91

Fettsäuren und ihr Vorkommen in Pflanzenölen 91
Aufgabe und Wirkung der Fette im Körper 93
    Gesättigte Fettsäuren 94
    Ungesättigte Fettsäuren 94
    Umwandlungen aus Omega-6-Fettsäuren 95
    Umwandlungen aus Omega-3-Fettsäuren 95
    Die Rolle der Prostaglandine (Eicosanoide) 96

FETTSÄUREGEHALTE DER EINZELNEN PFLANZENÖLE 98

Öle mit sehr hohen Gehalten an mehrfach ungesättigten Fettsäuren 99
Öle mit hohen Gehalten an mehrfach ungesättigten Fettsäuren,
teilweise höheren Gehalten an Ölsäure 101
Öle mit hohen Gehalten an Ölsäure, teilweise geringen Gehalten
an mehrfach ungesättigten Fettsäuren 105
Spezielle Öle mit wenig mehrfach ungesättigten Fettsäuren,
teilweise höheren Gehalten an Ölsäure oder besonderen Fettsäuren 107
Getreidearten: mittlere Gehalte an Ölsäure, hohe Gehalte an Linolsäure 108
Sonderöle mit hohen Gehalten an seltenen Fettsäuren 108
Veränderung der Pflanzenöle 109
    Tocopherolgehalte von Pflanzenölen 110

ANDERE WICHTIGE BEGLEITSTOFFE IN PFLANZLICHEN ÖLEN ... 111

VERWENDUNGSZWECKE PFLANZLICHER ÖLE 113

Anwendungen der wichtigsten Öle 117
    APRIKOSENKERNÖL 117
    AVOCADOÖL 117
    BORRETSCHÖL 118
    DISTELÖL 118
    ERDNUSSÖL 120
    HAGEBUTTENKERNÖL (WILDROSENÖL) 122
    HANFÖL 122

Haselnussöl	124
Johannisbeersamenöl	125
Kürbiskernöl	126
Leinöl	127
Mandelöl	128
Mohnöl	130
Nachtkerzenöl	131
Olivenöl	132
Rapsöl	134
Sanddornöl	135
Schwarzkümmelöl	135
Sojaöl	137
Sonnenblumenöl	137
Traubenkernöl	139
Walnussöl	140
Weizenkeimöl	141
Steinöle	143
Würz- und Kräuteröle	143
Seifen aus Pflanzenölen	146

TIPS 150

RECHTLICHE RAHMENBEDINGUNGEN FÜR PFLANZLICHE ÖLE IN ÖSTERREICH 151

LITERATUR 155

DIE ENTWICKLUNG DES ÖLPFLANZENBAUES IN EUROPA

Es gibt in Europa drei Quellen für Nahrungsfette und -öle: Fette tierischer Herkunft, Fette von Ölfrüchten, die unter den gegebenen klimatischen Bedingungen angebaut werden können, und Fette tropischer und subtropischer Ölfrüchte. Die älteste dieser drei Quellen ist in Mitteleuropa das tierische Fett, erst viel später ist man dazu übergegangen, Fette pflanzlicher Herkunft für die menschliche Ernährung zu nutzen. Im Kulturkreis des Mittelmeeres hingegen wurde das Pflanzenfett in weit größerem Umfang verbraucht. Von der Butter weiß man, daß sie noch zu römischer Zeit nur für Salben und diverse medizinische Zwecke gebraucht wurde. Die Germanen dürften durch die Berührung mit dem römischen Kulturkreis die Verwendung des Pflanzenfettes kennengelernt haben. Es war jedoch eher der Zufall, der zur Entdeckung von Öl in den Samen einheimischer Pflanzen geführt hat. Lange Zeit hat die Verwendung des Pflanzenöls für Beleuchtung im Vordergrund gestanden. Nur wenige Öle wurden für Ernährungszwecke genutzt, wie z. B. das Leinöl in der Lausitz, das Kürbiskernöl im steirischen Raum und das Mohnöl in Mitteldeutschland. Das Rapsöl wurde seit seinem Bekanntwerden ausschließlich für Beleuchtungs- und Schmierzwecke verwendet. Als der Verbrauch infolge des Aufkommens von Petroleum, Gas, Elektrizität und mineralischen Schmierölen immer mehr ersetzt wurde, ging auch der Rapsanbau zurück. Das Leinöl behielt wegen seiner besonderen chemisch-physikalischen Eigenschaften seinen Wert, besonders für die Herstellung von Farbe und Linoleum. Trotzdem ging der Leinanbau in Mitteleuropa zurück. Der Grund lag in der starken Entwicklung der Weltwirtschaft vor dem Ersten Weltkrieg und dem Fall der Zollschranken. Dadurch kam eine große Menge von Ölfrüchten aus tropischen und subtropischen Ländern auf den europäischen Markt, und große fettverarbeitende Industrien entstanden. Damit konnte die intensive, mit hohen Herstellungskosten belastete Landwirtschaft in Mitteleuropa nicht konkurrieren.

Der Import erfaßte auch einheimische Ölpflanzen, die in Ländern mit billigeren Produktionsmöglichkeiten angebaut wurden. So verlagerte sich der Schwerpunkt des Ölleinbaues nach Argentinien und Indien. Ebenso wurde Indien zum Hauptanbaugebiet des Rapses. Diese Entwicklung wurde durch den Ersten Weltkrieg unterbrochen, und man erkannte in Mitteleuropa, wie falsch es gewesen war, die Fettversorgung ausschließlich auf den Import einzustellen und den heimischen Ölpflanzenbau fast zum Erliegen gebracht zu haben.

Mit großen finanziellen Mitteln wurde die Kultur der Ölpflanzen wieder aufgebaut. Unter dem Nationalsozialismus stieg der Anbau von einheimischen Ölsaaten innerhalb kürzester Zeit stark an. Durch den Beginn des Zweiten Weltkrieges wurde der Import von Ölfrüchten wieder gestoppt, aber im Gegensatz zum Ersten Weltkrieg hatte man vorgesorgt und konnte so einen großen Teil des Bedarfes mit inländischen Ölfrüchten decken.

DIE VOLKSWIRTSCHAFTLICHE BEDEUTUNG DES ÖLPFLANZENBAUES

Wenn man den Import von Ölfrüchten ausschließen würde, stünden die einheimischen Ölpflanzen im Wettbewerb mit der tierischen Fetterzeugung. Die in Frage kommenden tierischen Fette sind Schweineschmalz und Butter. Man könnte die Frage stellen, wie hoch die Fettleistung je Flächeneinheit bei den Ölpflanzen ist, und wieviel 100 kg tierisches Fett je Hektar sich auf dem Umwege des Futterbaues erzeugen lassen? Würde man, was in der Praxis ja nicht mehr üblich ist, die Schweine mit Kartoffeln und Gerste mästen, könnte man etwa 10 Schweine von je 100 kg mästen. Wird dieses Fett nach dem Extraktionsverfahren gewonnen, so würde sich ein Fettertrag von etwa 225 kg/ha ergeben. Da das Extraktionsverfahren in diesem Bereich eher selten angewandt wird, liegt der Fettertrag höchstens bei 175 kg/ha.

Noch ungünstiger ist das Verhältnis bezüglich der Fettleistung beim Milchvieh. Die Fläche von 1 ha mit Futterpflanzen würde etwa einen Fettertrag von 80 kg liefern.

Baut man dagegen auf derselben Fläche Winterraps an und legt nur einen Hektarertrag von 2000 kg/ha zugrunde, so erzielt man einen Ölertrag von ca. 750 kg/ha. Dies zeigt, was für eine große Bedeutung der Ölpflanzenanbau hat.

Das Schwein und das Rind sind nicht nur Fettlieferanten, sondern liefern auch Eiweiß in einer hochwertigen Form. Die Ölpflanzen erbringen zwar neben dem Öl große Mengen an Eiweiß, aber dessen Zusammensetzung ist in den meisten Fällen nicht direkt für die menschliche Ernährung geeignet. Um es voll auswerten zu können, bedarf es der Zugabe von tierischem Eiweiß.

Eine Ausnahme ist das Eiweiß der Sojabohne, dessen biologische Wertigkeit 92 % von der des Fleisches beträgt. Mit Sojaeiweiß kann man den vollen Eiweißbedarf decken, ohne Fleisch zu sich nehmen zu müssen. Wenngleich ein verstärkter Verzehr von pflanzlichem und vor allem Sojaeiweiß auch anzustreben wäre, so dürfte es schwerfallen, die mitteleuropäische Ernährungsweise soweit umzustellen, daß Viehhaltung in geringerem Umfang betrieben werden könnte. Außerdem würde auch ein weiterer wichtiger Grund dagegensprechen. Der Boden würde ohne die Zufuhr von Stallmist bald so an Humus verarmen, daß keine genügenden Ernten mehr erzielt werden könnten. Da aber die landwirtschaftlichen Flächen begrenzt sind, muß der Weg der Intensivierung des Futterbaues beschritten werden, ohne der Natur zu schaden. Dies bedeutet, daß der Ertrag der Futterflächen durch Pflege und richtiges Düngen so gehoben werden kann, daß Flächen für den Ölfruchtbau frei werden.

DIE ÖLPFLANZEN IN EUROPA

Eine Pflanze kann dann als Ölpflanze angesehen werden, wenn sie folgende Bedingungen erfüllt:

- Der zu nutzende Pflanzenteil muß einen so hohen prozentualen Ölgehalt besitzen, daß er technisch auswertbar ist, d. h. durch Preß- und Extraktionsverfahren erfaßt werden kann.
- Die Pflanzenart muß der landwirtschaftlichen Kultur zugänglich sein.
- Sie darf an die Kultur (Aussaat, Pflege, Ernte) keine zu hohen Ansprüche stellen, um die Produktionskosten in Grenzen zu halten.
- Sie muß genügend hohe Erträge liefern, da sonst der Anbau unwirtschaftlich wäre und zu hohe Zuschüsse bezahlt werden müßten.
- Das Öl muß für die direkte Verwendung als Nahrungsmittel oder für industrielle Zwecke brauchbar sein.

Betrachtet man die in Frage kommenden Pflanzen nach diesen Gesichtspunkten, so kann man folgende Gruppen unterscheiden.

1) Ölpflanzen im engeren Sinne

Das sind solche Pflanzen, bei denen die Ölnutzung im Vordergrund steht, und andere Verwendungen wie Eiweißlieferung, Faserlieferung, Nutzung als Grünfutter usw. in den Hintergrund treten. Hierzu gehören der Raps, der Rübsen, der Mohn, die Sonnenblume, der Senf, der Leindotter, der Ölrettich, der Ölkürbis, die Ölrauke, der Saflor, die Ölmadie und noch einige weitere Pflanzen.

2) Ölpflanzen mit mehrfacher Nutzung

Darunter fallen solche Pflanzen, bei denen die Ölnutzung mit anderen Nutzungszweigen gleichgeordnet ist oder sogar im Vordergrund steht. Hierher gehören der Lein, wichtig außerdem als Faser- und Eiweißpflanze; der Hanf, ebenfalls eine wichtige Faserpflanze; die Sojabohne, eine wichtige Eiweißpflanze; die Öllupine, hauptsächlich Eiweißnutzung; Mais, Hauptnutzung der Körner als kohlenhydratreiches Viehfutter, der ganzen Pflanze als Grünfutter; die Walnuß und die Haselnuß, wichtige Waldbäume bzw. Sträucher.

3) Sammelfrüchte

Dazu gehören in Europa vor allem die Früchte der Buche, der Eichenarten und der Kastanien.

4) Ölgewinnung als Nebennutzung

Heutzutage wird Ölgewinnung als Nebennutzung in größerem Maßstab betrieben, wie z. B. bei Weintraubenkernen, Tabak- und Tomatensamen.

Außer den genannten gibt es noch eine Reihe von anderen Pflanzen, die einen verhältnismäßig hohen Ölgehalt aufzuweisen haben. Meistens sind dies wildwachsende Arten, deren landwirtschaftliche Kulturfähigkeit sowie Ertragsfähigkeit noch nicht ausreichend getestet wurde.

FACHBEGRIFFE RUND UMS ÖL

Antioxidantien: Inhaltsstoffe (z. B. Vitamine A, E), die das Öl vor dem Verderb durch Sauerstoff und Licht schützen.

Cis-Fettsäuren/ Konfiguration: Ursprüngliche Molekülstruktur von ungesättigten Fettsäuren

Erste Pressung: Herstellungsverfahren ohne Aussage über die Qualität eines Öles, da keine Informationen über mögliches Erhitzen oder Vor- und Nachbehandlungen vorliegen. Eine Ausnahme bilden die EU-Leitsätze für Olivenöl.

Essentielle Fettsäuren: Für den Körper notwendige Fettsäuren, die zugeführt werden müssen (u. a. Linolsäure und Linolensäure).

Extraktion: Herstellungsverfahren, bei dem mit einem Lösungsmittel das Öl aus dem Rohstoff herausgelöst wird.

Fettsäuren: Bestandteile der Fette (neben Glycerin). Moleküle aus Kohlenstoffketten mit Wasserstoff- und Sauerstoffatomen.

Freie Fettsäuren: Fettsäuren, die sich bei Fettverderb von Triglycerid abspalten. Eines der Kriterien bei der Güteklassebestimmung von Olivenöl.

Gesättigte Fettsäuren: Fettsäuren ohne Doppelbindungen, die relativ stabil gegen Licht, Luft und Hitze sind.

Halbtrocknende Öle: Einige Doppelbindungen, Jodzahl zwischen 100 und 170

High oleic Sorten: Öle aus Ölsaaten (Sonnenblumen, Distel), die durch Züchtung ein Fettsäuremuster mit einem hohem Anteil von Ölsäure erhalten haben.

Jodzahl (JZ): Maß für die Anzahl der Doppelbindungen und damit für den Gehalt an ungesättigten Fettsäuren

Kaltgepreßt (kaltgeschlagen): Mechanische Pressung, sagt aber nichts über die vor, während oder nach der Pressung entstehenden oder zugefügten Temperaturen aus.

kbA: kontrollierter biologischer Anbau

MUFA: Mono Unsaturated Fatty Acid = einfach ungesättigte Fettsäure

Nichttrocknende Öle: Wenige oder keine Doppelbindungen, Jodzahl ist <100. Der Kontakt mit Sauerstoff führt zu keiner nennenswerten Eintrocknung.

Oleochemie: Industrielle Chemie auf Basis nativer Öle und Fette

Omega(ω)-Fettsäuren: Amerikanische Klassifizierung der Fettsäuren. Die Position der Doppelbindung bei den mehrfach ungesättigten Fettsäuren wird mit dem griechischen Buchstaben Omega gekennzeichnet.

PMS: Prämenstruelles Syndrom, umfaßt alle hormonbedingten Beschwerden vor der Menstruation.

Prostaglandine: Gewebshormone, die für die Regulierung zahlreicher Stoffwechselvorgänge verantwortlich sind.

PUFA: Poly Unsaturated Fatty Acid = mehrfach ungesättigte Fettsäuren (z. B. Linolsäure (LA), Linolensäure (LNA), Gamma-Linolensäure (GLA), Docosahexaensäure (DHA), Eicosapentaensäure (EPA))

Säurezahl (SZ): Maß für den Gehalt an freien Fettsäuren

Schneckenpresse: Mechanische Presse für Speiseöle, die ein horizontales Gehäuse mit Schneckenwelle hat (Prinzip Fleischwolf).

Spezifisches Gewicht (Dichte): Die Dichte sagt aus, wieviel ein cm^3 eines Stoffes wiegt (g/cm^3).

Trans-Fettsäuren: Ungesättigte Fettsäuren, deren Molekülstruktur durch Hitzeeinwirkung verändert wurde.

Triglyceride: Verbindungen aus einem Glycerinmolekül und drei variierenden Fettsäuren. Zum größten Teil (99 %) bestehen die meisten Fettsäuren daraus.

Trocknende Öle: Eigenschaft, unter Einfluß von Luftsauerstoff zu festen, zähelastischen Filmen aufzutrocknen (oxidative Härtung). Sie besitzen sehr viele Doppelbindungen und haben daher eine Jodzahl >170.
Trocknende Öle sind z. B.: Leinöl, Sojaöl, Hanföl, Sonnenblumenöl, Mohnöl, Nußöl, Rapsöl.

Ungesättige Fettsäuren: Dies sind Fettsäuren mit einer oder mehreren Doppelbindungen. Je nach Anzahl der Doppelbindungen mehr oder weniger empfindlich gegen Licht, Luft und Hitze.

Verseifungszahl (VZ): Gibt an, wieviel Milligramm Kaliumhydroxid zur Bindung der in 1 g Öl enthaltenen freien Säure und zur Verseifung der Ester notwendig ist.

Vitamin E: Fettlösliches Vitamin, das die Gruppe der Tocopherole umfaßt. Es wirkt im Öl als Antioxidans und schützt die Fettsäure vor frühzeitigem Verderb durch Licht und Luft.

ÖLPFLANZEN IM ENGEREN SINNE

RAPS
(Brassica napus oleifera)

Der Raps wird sowohl als Winter- als auch als Sommerfrucht angebaut. Er stellt die wichtigste Ölpflanze der gemäßigten Zone dar. Seine Nutzung ist fast ausschließlich auf die Öllieferung abgestellt, und mit den Erträgen des Winterrapses kann außer dem Öllein keine andere anbauwürdige Ölpflanze in Europa mithalten. Weiters wird der Raps auch als Grünfutter landwirtschaftlich genutzt.

Entwicklung des Anbaues

Als Kulturpflanze wurde Raps wahrscheinlich in Nordwesteuropa zuerst angebaut. Man hat Rapskörner bei Ausgrabungen von germanischen Siedlungen gefunden. Da sich die Funde in der Nähe von Mühlsteinen häufen, kann man auf die Verarbeitung zu Öl schließen. Vermutlich ist der Raps zunächst als Unkraut aufgetreten und nach zufälliger Entdeckung der Ausnutzbarkeit des Ölgehaltes der Samen als Kulturpflanze genommen worden. Es spricht einiges dafür, daß dies zuerst im Gebiet des heutigen Belgien vor sich gegangen ist. Im „Kreuterbuch" von Bock aus dem Jahre 1543 wird der Raps als eine an vielen Orten Westdeutschlands angebaute Frucht erwähnt. Das Öl wurde für Beleuchtungszwecke verwendet. Der Landwirtschaftspionier Schubarth von Kleefeld führte 1770 die Fruchtfolge Brache – Winterraps – Weizen ein. Dies brachte eine hohe Intensivierung der Landwirtschaft mit sich. Als Wechselfrucht für den starken Getreidebau trug der Raps zu einer Abnahme der damals weitverbreitenden Fußkrankheit bei.

Die größte Anbaufläche in Europa wurde 1878 mit etwa 188.000 ha erreicht. Mit der zunehmenden Verwendung kolonialer Ölfrüchte und des Petroleums für Beleuchtungszwecke setzte ein schneller Abfall der Anbaufläche ein. Der Raps hielt sich nur dort, wo zwar guter Boden vorhanden war, aber der Anbau von Zuckerrüben nicht möglich war. Nach dem Ersten Weltkrieg stieg die Anbaufläche wieder schnell an, besonders weil die Einfuhr von tropischen Ölfrüchten unterbrochen war.

WINTERRAPS
Botanik

Der Raps gehört zur Familie der Kreuzblütler. Eine eigentliche Wildform von Raps ist nicht bekannt. Sein Heimatgebiet ist wahrscheinlich im Mittelmeerraum zu suchen.
Die Wurzel des Rapses ist eine kräftige Pfahlwurzel. Auf diese Weise werden die Nährstoffe der tieferen Ackerschicht in Umlauf gebracht.

Der oberirdische Sproßteil des Winterrapses entwickelt sich in zwei Stadien. Bei nicht zu engem Stand bildet sich nach einigen Wochen eine Rosette aus, die bis zum Frühjahr bestehen bleibt. Aus dieser wächst anschließend der starke Stengel, auf dessen Verzweigungen sich die Blüten und später daraus die Samenschoten entwickeln.

Gute Rapsbestände erreichen eine Höhe von 1,5 m und darüber. Es besteht aber hinsichtlich der Pflanzenhöhe ein großer Unterschied unter den Sorten, der 50 cm und mehr betragen kann.

Der Samen des Rapses ist fast kugelrund, das Würzelchen tritt nur wenig vor. Der Durchmesser beträgt 1,5 bis 3,0 mm. Die Samenschale ist glatt. Sie umschließt die beiden gelben, gefalteten Keimblätter und das etwa 1 mm lange Würzelchen. Unter der Epidermis liegt eine Schicht Becherzellen, die der sonst schwierigen Unterscheidung von Raps- und Rübsensamen dienen. Beim Raps ist das Lumen der Zelle so groß wie die Zellwände dick sind, beim Rübsen ist es eng, kreisförmig und wesentlich kleiner als die Zellwände dick sind. Das Tausendkorngewicht schwankt zwischen 4 und 7 g. Die Farbe der Samen ist braunviolett, schwarzbraun oder auch rotbraun.

Anbau

Dem Anbau von Winterraps sind vom Klima gewisse Grenzen gesetzt. Als eine Pflanze, die in Westeuropa in Kultur genommen wurde, befindet sie sich auf dem Wege der Akklimatisierung in den nördlichen Teilen Europas und Asiens und hat noch nicht den Grad der Winterfestigkeit erreicht.

Sehr wichtig für die Überwinterung des Rapses ist die Schneedecke. In Gebieten, in denen mit sicheren Schneefällen zu rechnen ist, kann auch mit Erfolg Raps angebaut werden. Spätfröste bilden keine Gefahr, da der Raps bis -5 °C Frost in der Blüte ohne Schaden verträgt.

Neben der Temperatur spielt auch die Feuchtigkeit beim Rapsanbau eine Rolle. Die sich schnell und stark entwickelnden Pflanzen verlangen einen reichlichen Wasservorrat. Ebenso ist die Luftfeuchtigkeit von Bedeutung. Am besten gedeiht Raps im feuchten Seeklima und in mäßig hohen Lagen.

Grundsätzlich gedeiht der Raps auf allen Böden. Die erste Voraussetzung für das Gelingen ist ein guter Kalkzustand, eine weitere die reichliche Versorgung mit Stickstoff.

Raps in der Fruchtfolge

Der Raps gehört zu den Feldfrüchten, die sich nicht nur ohne weiteres klimatisch und bodenmäßig im dafür geeigneten Betrieb leicht einfügen lassen, sondern die darüber hinaus einen günstigen Einfluß auf die organisatorische Gestaltung des Betriebes ausüben. Als Vorfrucht hat er den Vorteil, daß er das Feld frühzeitig räumt. Die frühe Ernte ermöglicht eine intensive Bearbeitung des Ackers selbst für Winterfrüchte, die früh ausgesät werden müssen. Auch Winterweizen kann mit großem Vorteil nach Raps angebaut werden. Auf der anderen Seite verlangt der Raps auch Vorfrüchte, die das Feld früh räumen, da er ja selbst früh bestellt werden muß. Als solche kommen Winter- und Sommergerste in Frage.

Der Anbauabstand muß fünf Jahre betragen, da ansonsten mit verstärktem Auftreten von Krankheiten und Schädlingen zu rechnen ist.

Der Raps verlangt für einen gleichmäßigen Aufgang ein feinkrümeliges, gut abgesetztes Saatbeet.

Die dichte Belaubung der Rapspflanzen schafft sowohl im Herbst als auch im Frühjahr eine baldige völlige Beschattung des Bodens.

Ernte

In der heutigen Zeit herrscht der Direktdrusch vor. Bei sorgfältiger Arbeit treten nur geringe Verluste auf. Der Raps ist dann druschreif, wenn die Körner glänzend schwarz sind, beim Bewegen der Pflanzen in den Schoten rascheln und sich nicht mehr zwischen den

Blühender Raps

Fingern zerdrücken lassen. Die optimale Erntefeuchte der Körner beträgt 8 bis 12 %. In diesem Stadium sind die Schoten und oberen Stengelteile gelblich gefärbt und trocken. Die unteren Stengelteile sind zwar noch grün, aber der Wassergehalt ist schon sehr vermindert. Beginnt man mit dem Drusch vor diesem Stadium, so ist mit Störungen beim Dreschen und vor allem mit einer starken Feuchtigkeitsübertragung von den Stengelteilen auf die Körner zu rechnen. Deshalb sollte die Schnitthöhe so hoch wie möglich eingestellt werden.

Behandlung des Erntegutes

Nur bei sehr trockenem und heißem Wetter wird der Wassergehalt auf 8 % sinken, bei dem der Raps voll lagerfähig ist. Bei einem Wassergehalt von 10 bis 12 % verträgt er einige Tage Lagerung in Säcken oder 50 cm Schütthöhe auf dem Speicher. Wenn der Wassergehalt höher als 12 % ist, tritt schon nach 8 Stunden Lagerung eine Erhitzung ein und damit Verlust an Gewicht und vor allem an Öl. In diesem Fall darf die Saat nicht höher als 8 cm geschüttet werden und muß möglichst mehrere Male täglich umgeschaufelt werden. Die Reinigung sollte erst nach völliger Trocknung durchgeführt werden. Wenn die Saat sehr feucht ist, ist eine künstliche Trocknung am vorteilhaftesten.

Rapsöl

Die Unterscheidung der Öle der Brassica-Arten ist in Handel und Industrie nicht immer ganz einheitlich. Unter demselben Namen werden häufig Öle verschiedener Arten angeboten. Im allgemeinen gilt folgendes: Rüböl ist das Öl von *Brassica rapa oleifera*, dem Rübsen, während Raps- oder Repsöl von *Brassica napus oleifera*, dem Raps, stammt. Ferner wird noch Kohlsaatöl oder Colzaöl gehandelt, das aus den Samen von *Brassica campestris* gewonnen wird.

Rapsschote mit Samen

Diese Einteilung betrifft nur die Öle von Brassica-Arten europäischer Herkunft.

Die Gewinnung des Rapsöles erfolgt, nachdem die Samen auf Walzenstühlen zerkleinert worden sind, durch kaltes Pressen. Dieses kaltgepreßte Öl ist qualitativ am hochwertigsten. Die Rückstände der Kaltpressung werden erwärmt und nochmals gepreßt. Unter Umständen wird diese Behandlung ein weiteres Mal wiederholt. Das warmgepreßte Öl ist infolge seines höheren Gehaltes an in Lösung gegangenen Schleimstoffen weniger wertvoll als das kaltgepreßte. Diese werden durch nachfolgende Raffination entfernt.

Das Rapsöl bestand früher zum größten Teil aus Eruca-, Öl- und Stearinsäure. Besonders die Erucasäure war charakteristisch für Rapsöl. Der Anteil betrug ca. 48 %. Diese Fettsäure ist für die menschliche Ernährung wenig geeignet, da pathologische Veränderungen des Herzmuskels und auch Herzverfettung auftreten. Seit etwa 30 Jahren werden in Europa nur mehr erucasäurearme Rapssorten angebaut. So sind die mittleren Werte an Glyceriden der Fettsäuren (Werte von Altsorten in Klammer) folgende: Erucasäure 0,5 % (48 %), Ölsäure 63 % (15 %), Linolsäure 20 % (13,5 %), Linolensäure 4 % (2,5 %), Palmitinsäure 4 % (2,5 %), Hexadecensäure (2 %), Docosadiensäure (1 %).

Kaltgepreßtes Rapsöl sieht bräunlichgelb aus. Im Rohzustand hat es einen unangenehmen, milden Geruch und Geschmack, die nach Entfernen der Schleimstoffe durch Raffination verschwinden, so daß es zu Speisezwecken verwendet werden kann. Die Farbe von raffiniertem Öl ist rein gelb. Öl von Winterraps trübt sich bei -1 °C und erstarrt bei -2 bis -3 °C zu einer festen Masse. Öl von Sommerraps erstarrt erst bei -4 °C. Das Rapsöl gehört zu den wenig trocknenden Ölen.

Die Haltbarkeit des Speiserapsöls ist gekühlt 12 Monate.

Die physikalischen und chemischen Konstanten des Rapsöles sind folgende:
Das spezifische Gewicht des Öles von Winterraps beträgt bei 15 °C 0,913 bis 0,917, von Sommerraps etwa 0,915. Die Jodzahl wurde mit 94 bis 120 festgestellt, dies ist ein Zeichen für die geringe Trocknungsfähigkeit des Rapsöls. Die Verseifungszahl liegt zwischen 170 und 180. Die Säurezahl, die den Gehalt an freien Fettsäuren angibt, ist je nach Art der Pressung sehr verschieden, liegt aber nicht über 8. Die unverseifbaren Substanzen betragen max. 1,5 %. Rüböle sind in Alkohol wenig löslich. Der Brechungsindex bei 20 °C liegt zwischen 1,4720 und 1,4752.

Einfluß der Anbaubedingungen auf das Öl

Durch Versuche wurde herausgefunden, daß der Ölgehalt mit steigender Düngung mit Handelsdünger fällt. Hingegen steigt der Eiweißgehalt an. Dies bedeutet, daß bei reichlich vorhandenem Stickstoff viel Eiweiß gebildet wird und nur der Teil der Reservestoffe als Öl abgelagert wird, für den kein Stickstoff mehr zu Verfügung steht.

Die Kalkdüngung wirkt der N-Düngung in der Beeinflußung des Ölgehaltes entgegen, vermag sie aber nicht auszugleichen.

Obwohl der Ölgehalt mit steigender Stickstoffdüngung fällt, wirkt sich diese Erscheinung keineswegs auf den Ölertrag je Flächeneinheit aus. Im Gegenteil ist infolge der Ertragssteigerung durch die N-Düngung ein erhebliches Ansteigen der geernteten Ölmenge festzustellen.

Die Jodzahl wird durch den Stickstoff wenig beeinflußt, eher durch die Kalkung.

Die Verwendung des Rapsöles

In der heutigen Zeit wird ein sehr großer Teil zu Bio-Dieselkraftstoff und Sägekettenöl verarbeitet.

Als Lederfett, Walkfett und zum Einfetten von Wolle läßt es sich ebenfalls verwenden. Zur Verseifung ist das Rüböl nicht gut zu gebrauchen, es lassen sich nur weiche Schmierseifen herstellen. Erst durch das Raffinationsverfahren und durch den Anbau erucasäurefreier Sorten wurde das Öl zur menschlichen Ernährung herangezogen. Es ist ein wertvolles Speiseöl und wird auch der Margarineindustrie zugeführt.

Im biologischen Anbau wird Rapsöl als Pflanzenschutzmittel genutzt. Die Wirkung beruht darauf, daß der Ölfilm die Schadinsekten samt ihren Eiern erstickt. Das Öl hat sich für die Bekämpfung von saugenden Insekten bewährt, schont hingegen Bienen und andere Blütenbestäuber.

SOMMERRAPS

Der Sommerraps ist weniger bekannt als der Winterraps, von dem er sich botanisch kaum unterscheidet. Wurzel, oberirdischer Sproß, Blätter, Blüten usw. sind im Vergleich zu Winterraps kleiner. Der grundlegende Unterschied liegt einzig darin, daß dem Sommerraps die Schoßhemmung nach dem Aufgehen fehlt. Der Sommerraps bildet keine Rosette, sondern beginnt bald nach dem Aufgehen mit dem Streckenwachstum.

Hinsichtlich des Klimas stellt der Sommerraps keine hohen Ansprüche. Eine Begrenzung erfährt der Anbau allerdings durch die Länge der zur Verfügung stehenden Vegetationszeit. Da der Sommerraps bis zur Reife etwa vier Monate benötigt, sind Gebiete mit allzu spätem Frühjahrsbeginn und frühen Frösten im Herbst ungeeignet.

Die Ansprüche an den Boden sind dieselben wie beim Winterraps.

Die Ernte vollzieht sich wie beim Winterraps, aber durch den späteren Termin sind die Witterungsbedingungen für das Trocknen oft ungünstiger und daher ist eine künstliche Nachtrocknung der Körner fast nicht zu umgehen.

Die Erträge des Sommerrapses bleiben im allgemeinen hinter denen des Winterrapses zurück.

RÜBSEN

WINTERRÜBSEN
(Brassica rapa oleifera)

Die zweite wichtige Ölpflanze aus der Gattung *Brassica* der Familie der Cruciferen ist *Brassica rapa oleifera*, der Rübsen. Bei diesem gibt es ebenfalls eine Winter- und eine Sommerform. Neben der Bezeichnung Winterrübsen sind auch Namen wie Rips, Winterölrübe, Rübensaat, Rübenraps, Lewat, für einzelne Abarten Biewitz und Awehl in Gebrauch.

Obwohl zwischen Raps und Rübsen auf den ersten Blick hin nur geringe äußere Unterschiede zu bestehen scheinen, ergeben sich bei näherem Hinsehen eine ganze Reihe von Verschiedenheiten, die darauf hindeuten, daß die Verwandtschaft beider Arten keine allzuenge ist. Wesentlich näher steht dem Winterrübsen die Wildart *Brassica campestris*. Diese kann als Wildform des Rübsens angesehen werden.

Botanik

Die Wurzel des Rübsens ist eine spindelförmige Pfahlwurzel mit senkrecht abzweigenden Nebenwurzeln.

Der oberirdische Sproß besteht beim Winterrübsen im Herbst aus einer dem Boden fest angeschmiegten Rosette. Im zeitigen Frühjahr entwickelt sich aus ihr der Stengel. Bei guter Ernährung erreicht er eine Höhe von etwa 1,5 m. Zunächst wächst die Pflanze eintriebig. Bei Blütenbeginn entwickeln sich am untersten Drittel beginnend zahlreiche Nebentriebe.

Die Schote enthält die Samen von kugeliger Gestalt. Ihr Durchmesser beträgt 1,4 bis 2,3 mm. Sie sind im allgemeiner kleiner als die Samen des Rapses. Das Tausendkorngewicht liegt zwischen 2 und 4 g. Die Farbe der Samen ist eher rotbraun, aber es kommen auch hellere Tönungen vor. Unter der Lupe ist häufig ein netzartiges Muster zu erkennen. Das Lumen der unter der Subepidermis liegenden Becherzelle ist eng und kreisförmig und wesentlich kleiner als die Zellwände dick sind. In folgender Tabelle sind die Unterschiede zwischen Raps und Rübsen aufgelistet.

Unterschiede zwischen Raps und Rübsen

Pflanzenteil und Merkmale	Raps	Rübsen
Wurzel	Gleichmäßig dick, sich langsam verschmälernd	Oben dick, sich konisch verschmälernd
Stengel		
Allgemein	Kräftig, dick	Im allgemeinen schwächer, dünner und weit höher
Ansatz der Seitenäste	An der Basis, etwas höher	Weit höher
Haltung der Seitenäste	Abstehend, somit volleres, buschiges Aussehen	Aufrecht, im spitzen Winkel, Pflanzen sind schlanker
Blätter		
Farbe	Dunkelgrün, bläulich bereift	Grasgrün, nur Stengelblätter gelegentlich bereift
Behaarung	Überwiegend kahl, höchstens ganz spärlich, kurz behaart	Meist stark behaart
Obere Stengelblätter	Nur etwa zur Hälfte den Stengel umfassend	Völlig den Stengel umfassend
Blütenstand	Verlängerte Traube, die geöffneten Blüten werden von den Knospen überragt	An blühenden Enden verkürzt, dichte Dolden, traubig, offene Blüten, stehen höher als Knospen

Pflanzenteil und Merkmale	Raps	Rübsen
Blüte		
Größe	Mittelgroß	Kleiner
Farbe	Zitronen-dottergelb, selten weiß	Zitronen-dottergelb
Blütenstiele	Gleich lang oder wenig länger als die Blüte	Immer länger als die Blüte
Kelchblätter	Aufrecht abstehend	Waagrecht abstehend
Kronblätter	Doppelt so lang wie Kelchblätter	Etwa 1 ½ mal so lang wie Kelchblätter
Staubbeutel	Am oberen Ende vor Reife roter Punkt	Ohne oder mit schwach rotem Punkt
Schote		
Haltung	Waagrecht, abstehend	Auf abstehendem Stiel aufrecht, wie Kerze auf Leuchter
Korn		
Größe	Groß	Kleiner
Tausendkorngewicht	Winterform: 4,0 bis 7,0 g Sommerform: 2,5 bis 4,5 g	Winterform: 2,0 bis 4,0 g Sommerform: 2,0 bis 3,5 g
Farbe	Meist rotbraun-dunkel-braun-schwarz, durch Züchtung gelb	Meist heller, braun-rotbraun, auch gelb
Netzadrigkeit	Fein punktiert oder schwach netzadrig	Deutliche Netzaderung
Ölgehalt	Hoch (42 bis 46 %)	Etwa 5 bis 7 % niedriger
Vegetationszeit	Lang (46 bis 48 Wochen)	3 bis 6 Wochen kürzer
Saatzeit	Früh	Später (3 bis 4 Wochen)
Blütezeit	Später	Früher 5 bis 14 Tage
Reifezeit	Später	Früher 1 bis 3 Wochen
Frostempfindlichkeit	Empfindlich	Weniger empfindlich
Widerstandsfähigkeit		
Gegen Schädlinge	Gering	Recht gut
Keimminimum	Bei 1 °C	bei 3 °C
Keimdauer	Kurz	Länger
Chromosomenzahl	2n = 38	2n = 20

Entwicklung des Anbaues

Aus Deutschland gibt es Beschreibungen von Campestris-Rüben aus dem 16. Jh. Erst durch das Aufkommen der Abarten Biewitz und Awehl, die Anfang und Mitte des 19. Jh. sehr viel Aufsehen erregten, ist eine Unterscheidung möglich. Der Biewitz soll aus Böhmen stammen, der Awehl aus Holland und Belgien.

Im Laufe der Zeit hat der leistungsfähigere, aber anspruchsvollere Raps den genügsameren, robusteren Rübsen im europäischen Raum langsam verdrängt. Unter ungünstigen Klima- und Anbaubedingungen werden heute noch Rübsen anstelle von Raps oder Kohlrüben angebaut.

Anbau

Betrachtet man die klimatischen Ansprüche, so liegt der größte Unterschied zwischen Rübsen und Raps in der besseren Winterfestigkeit des Rübsens. Die Verträglichkeit für eine lange liegende Schneedecke macht den Rübsen auch für mittlere Gebirgslagen sehr geeignet.

In Hinsicht kurzer Entwicklungsdauer ist der Rübsen dem Raps überlegen. Er verträgt nicht nur eine spätere Aussaat, sondern ist auch 2 bis 3 Wochen früher reif. Für die gesamte Betriebsorganisation gilt das gleiche wie beim Raps.

Rübsen ist eine gute Vorfrucht für alle Getreidearten, insbesondere für Weizen, für den er unter ungünstigen Verhältnissen direkt zum Schrittmacher werden kann. Seine gute Vorfruchtwirkung beruht in dem guten Garezustand, in dem er den Boden hinterläßt, sowie in der Aufschließung des Untergrundes durch die tiefgehenden Wurzeln.

Ernte

Die Ernte des Winterrübsens erfolgt ca. 10 bis 14 Tage früher als die des Winterrapses, meistens Anfang Juli. Für den Zeipunkt der Reife gilt dasselbe wie beim Raps. Die Mahd mit Maschinen sollte erfolgen, wenn das ganze Feld gelb aussieht, bevor die Bräunung der Körner einsetzt.

Der Rübsen ist voll lagerfähig, wenn er weniger als 12 % Wasser enthält. Eine einfache Probe läßt sich durch den sogenannten „Griff" ausführen. Man nimmt dabei eine Handvoll Körner und drückt die Hand kräftig zusammen. Wenn nach dem Öffnen keine Körner an der Handfläche kleben bleiben, ist ein genügender Grad an Trockenheit erreicht. Günstig ist eine künstliche Trocknung.

Die Erträge des Rübsens sind etwas niedriger als beim Raps. Unter ihm zusagenden Bedingungen kann aber auch der Rübsen sehr beachtliche Erträge bringen.

Winterrübsenöl

Über die Zusammensetzung des Rübsenöles sind nur wenig spezielle Angaben zu finden.

Das Öl hat eine bräunlichgelbe Farbe. Nach der Raffination wird es blaßgelb und verliert mehr oder weniger seinen spezifischen Geschmack.

Bei -4 °C beginnt die Erstarrung. Zunächst treten Ausscheidungen in geringem Maße auf, bei -7,5 °C erstarrt das Öl des Rübsens zu einer weißgelben Masse. Das spezifische Gewicht wird mit 0,9145 angegeben, raffiniert 0,9127. Die Jodzahl liegt zwischen 95 und 104.

Der Ölgehalt ist umso höher, je niederschlagsfreier der Mai und sonnenscheinreicher der Juni ist. Durch Erhöhung des Stickstoffangebotes steigt zwar der Eiweißgehalt, der Ölgehalt geht aber etwas zurück. Diese Wirkung der Stickstoffdüngung kann durch ausreichende Gaben der anderen Nährstoffe ausgeglichen werden. Die Verabreichung von 1 kg N hat Mehrerträge von 2,0 bis 5,5 kg Öl zur Folge.

Die Verwertung des Öles entspricht in allen Punkten dem aus Raps gewonnenen.

SOMMERRÜBSEN

Die Sommerform des Rübsens unterscheidet sich äußerlich von der Winterform nur durch die bedeutend schwächere Ausbildung aller vegetativen Organe. Der Anbau der Pflanze ist derselbe wie beim Winterrübsen. Das Korn des Sommerrübsens ist im allgemeinen noch kleiner. Der physiologische Unterschied besteht hauptsächlich im Fehlen der Schoßhemmung. Beim Sommerrübsen setzt das Streckenwachstum bald nach dem Aufgang ein. Es kommt zu keiner Rosettenbildung.

Die Vegetationszeit ist beim Sommerrübsen sehr kurz, vom Aufgang bis zur Blüte dauert es nur ca. 90 Tage.

Anbau und Ernte

Die Anforderungen sind beim Sommerrübsen am niedrigsten von allen vier Brassica-Ölfruchtarten. Er gedeiht auch noch auf schwachlehmigen Sandböden mit verhältnismäßig geringer wasserhaltender Kraft. Auch an den Kalkgehalt des Bodens stellt er nicht so große Ansprüche. Aber wie bei allen anderen auch gilt, je besser die Bodenverhältnisse, desto besser die Erträge.

Die betriebswirtschaftlichen Vorteile werden gekennzeichnet durch Anspruchslosigkeit und die kurze Vegetationsdauer. Diesen Vorteilen steht aber nachteilig der im Vergleich zu den drei anderen Brassica-Arten niedrige Ertrag gegenüber. In klimatisch günstigen Lagen kann er sogar als Zweitfrucht gebaut werden. Der niedrigere Rohertrag wird durch die Ernte der Vorfrucht ausgeglichen. Er selbst ergibt bei früher Aussaat eine gute Vorfrucht für Wintergetreide, da er früh das Feld räumt, ein großer Vorteil in Gegenden mit kurzer Vegetationszeit, wie etwa Gebirgslagen.

Für die Ernte gelten die bei Raps und Winterrübsen besprochenen Regeln und Grundsätze.

Sommerrübsenöl

Das Öl des Sommerrübsens ist ebenso wie das des Winterrübsens von bräunlichgelber Farbe und ziemlich dickflüssig. Die Erstarrung erfolgt jedoch bei etwas niedrigeren Temperaturen. Erst bei -8 °C kommt es zu flockigen Ausscheidungen. Bei -10 °C tritt Erstarrung zu einer gelbweißen, butterähnlichen Masse ein. Raffiniertes Öl hat eine blaßgelbe Farbe. Das spezifische Gewicht beträgt 0,9127, gegenüber 0,9139 bis 0,9342 bei unraffiniertem Öl. Die Jodzahl schwankt zwischen 93 und 98. Der Ölgehalt wird durch Volldüngung mit Stickstoff, Phosphor und Kali gesteigert, wodurch die Jodzahl steigt. Einseitige Kalidüngung setzt die Jodzahl herab.

KRAMBE, ABESSINISCHER MEERKOHL
(Crambe abyssinica L., Crambe abyssinica Hochst.)

Botanik

Die zur Familie der Cruciferen gehörende Gattung *Crambe* (Meerkohl) umfaßt 20 Arten. Die ausdauernden, krautigen Formen sind in Innerasien beheimatet, während die einjährigen Pflanzen aus dem Mittelmeergebiet stammen. Als Kulturpflanzen zur Ölgewinnung sind *Crambe abyssinica* und *Crambe hispanica* (Spanischer Meerkohl) anbauwürdig.

Der Abessinische Meerkohl ist einjährig, mit einer tiefgehenden Pfahlwurzel und einer Stengellänge von 50 bis 150 cm. Die Pflanze ist von der Basis her mehr oder weniger verzweigt, im unteren Teil deutlich behaart, oben kahl. Die unteren Blätter sind rundoval bis herzförmig, länger gestielt mit unregelmäßigem Rand.

Die Frucht ist in der Anlage eine zweiteilige Gliederschote, bei der jedoch der vordere Teil fruchtbar ist. Der Fruchtdurchmesser liegt zwischen 1,0 bis 4,5 mm. Die Samen sind kugelig, 1,8 bis 2,5 mm im Durchmesser. Das Tausendkorngewicht schwankt zwischen 4 und 11 g. Das Erntegut besteht aus geschlossenen, blaßgelblichen, rundlichen Schotengliedern mit Samen und einigen nackten, graugrünen bis gelblichen Samen.

Entwicklung des Anbaues

Abessinischer und Spanischer Meerkohl wurden erst um 1930 in Südostrußland in Kultur genommen. Man begann mit Krambe-Material aus dem Hochland von Abessinien zu züchten. Nach dem Zweiten Weltkrieg gelangte er bis nach Polen und Deutschland.

Anbau und Ernte

Krambe bevorzugt tiefgründige, kalkreiche, aber auch sandige Standorte und ist außerordentlich trockenheitstolerant.

Sie eignet sich insbesondere für Standorte mit ausgeprägter Vorsommertrockenheit. Die Aussaat sollte möglichst früh (Ende März/Anfang April) erfolgen.

Krambe kann wie andere Kreuzblütler in die Fruchtfolge eingebaut werden. In getreidereichen Fruchtfolgen kann die Pflanze eine Alternative zum Raps darstellen, wenn die Erzeugung von Erucasäure angestrebt wird.

Krambe im Abblühen

Die Ernte erfolgt Ende Juli bis Anfang August mittels Mähdrusch. Der Drusch wird wie beim Raps durchgeführt. Die Körner sind bis auf 9 % Wassergehalt zu trocknen. Der Kornertrag liegt bei 1500 bis 3000 kg/ha.

Krambeöl

Der Ölgehalt der Samen beträgt 30 bis 50 %. Krambeöl enthält 50 bis 60 % Erucasäure, das für die technische Industrie zur Weiterverarbeitung bestimmt ist. Die Einsatzgebiete von Erucasäure-Derivaten sind sehr vielfältig. Sie erstrecken sich von Weichmachern in Kunststoffen, Gleit- und Schmiermitteln, Hydraulikölen und Tensiden bis hin zu pharmazeutischen Produkten wie Kosmetika und Wachsen. Die Jodzahl ist 111 bis 113.

ÖLBAUM/OLIVE
(*Olea europaea* L.)

Botanik

Die Gattung *Olea* gehört zur Familie der *Oleaceae* und zur Ordnung *Ligustrales*. Die Gattung umfaßt etwa 35 Arten. Olea europaea wird in 4 Unterarten eingeteilt.

Der Ölbaum ist zunächst ein mittelhoher Strauch, der bis zu einem 10 bis 20 m hohen Baum auswächst. Die Bäume können ein sehr hohes Alter erreichen. Bis zu 4 m kann der Stamm dick werden. Der Baum ist durch sein intensives Wurzelwerk, das sich etwa 12 m in die Breite und 6 m in die Tiefe ausdehnt, anspruchslos. Er kommt mit wenig Wasser aus und kann deshalb noch auf trockenen, steinigen Hängen kultiviert werden.

Im Jugendstadium haben die Sträucher und Bäume eine helle Rinde. Die Zweige sind teilweise mit Dornen besetzt.

Die einsamige Steinfrucht ist oval bis rundlich, 3 bis 8 cm lang, 1 bis 2,5 cm dick. Die Farbe variiert sortenbedingt von weiß, grün, rötlich, violett bis schwarzblau. Der Kern ist sehr hart und länglich bis leicht keulenförmig, gefurcht und runzelig, hellbraun gefärbt. Der Samen ist 9 bis 11 mm lang.

Entwicklung des Anbaues

Der Oleaster wird als Stammform des Olivenbaumes am häufigsten erwähnt. Dieser ist heute vielfach als hoher Strauch in den immergrünen Buschwäldern des Mittelmeerraumes zu finden. Als Baum bildet die Wildform dichte Wälder im Gebirge von Algeciras und Mischwälder mit Korkeichen auf Mallorca, Sardinien und in Algerien.

Der Zeitpunkt der Inkulturnahme und der Umwandlung zur Kulturpflanze ist ungewiß. Die Kulturform soll im Orient entstanden sein und sich von dort über Ägypten, Syrien, Kleinasien und Griechenland über das ganze Mittelmeergebiet bis Oberitalien und Südfrankreich ausgebreitet haben. Wildkerne wurden in neolithischen Schichten in Spanien gefunden sowie ganz ähnliche Typen von Ölbaumkernen in Mykene und im Palast von Knossos auf Kreta. Bereits die Sumerer kannten den Ölbaum, und aus Ägypten liegen Berichte über seine Nutzung aus der Zeit von 3000 v. Chr. vor. In Griechenland war der Ölbaum schon zur Zeit Homers bekannt.

Die Phönizier und Griechen haben mit ihrer Kolonisation die Ausbreitung des Olivenbaumes im Mittelmeergebiet stark gefördert. Jedoch soll er erst im 7. Jh. v. Chr. nach Italien gekommen sein. Im 1. Jh. v. Chr. war die Blütezeit der Ölproduktion in Italien.

Olivenöl

Das Öl wird durch Auspressen der reifen, ganzen oder entsteinten Früchte gewonnen. Das beste Öl, das Jungfernöl (*Oleum virgineum*), wird unter mäßigem Druck und bei Temperaturen von 20 bis 25 °C gewonnen. Es ist ein fast farbloses Öl. Durch etwas größeren Druck erhält man das leicht gelbliche Provenceöl. Bei großem Druck und höherer Temperatur gewinnt man ein opalisierendes, dunkelgelbes bis braunes Öl. Der Geruch dieses Öles ist unangenehm und streng.

Olivenkernöl wird durch kalte oder warme Pressung der gereinigten Olivenkerne hergestellt. Kaltgepreßt ist es gelb und warmgepreßt grün gefärbt. Der Geschmack ist mild und süßlich. Die Kennzahlen unterscheiden sich kaum vom Olivenfruchtfleischöl.

Bei 10 bis 15 °C wird es dickflüssig und trüb. Bei 0 °C bildet es eine weiße körnige Masse. Es gehört zu den nichttrocknenden Ölen. Die Dichte bei 15 °C ist 0,914 bis 0,919, die Verseifungszahl 187 bis 196, die Jodzahl 78 bis 90. Die Säurezahl darf höchstens 2,0 erreichen. Der Anteil an Unverseifbarem liegt etwa bei 1 %.

Der Hauptbestandteil ist die Ölsäure mit 83,5 %, weiters sind Palmitinsäure mit 9,4 %, Linolensäure mit 4,0 % und Arachinsäure mit 0,9 % enthalten.

Olivenöl wird vielseitig verwendet. Es ist ein wertvolles Speiseöl, weiters dient es zur Hautpflege und zur Behandlung von Wunden und Geschwüren.

In der Technik wird es als Brenn- und Maschinenöl verwendet, sowie zur Herstellung von besonderen Seifen. Wegen seines hohen Ölsäureanteiles wird es als Basisrohstoff für die Oleochemie eingesetzt.

MOHN
(*Papaver somniferum* L.)

Der Mohn ist nicht nur eine beliebte Nutz- und Schmuckpflanze im Garten, sondern infolge des hohen Ölgehaltes seiner Samen eine der wichtigsten Sommerölfrüchte. Hinsichtlich der Ölerträge kann der Mohn mit Raps und Rübsen in Wettbewerb treten.

Botanik

Der Mohn gehört als einzige Kulturart der Gattung *Papaver* der Familie der Papaveraceen oder Mohngewächse an. Eigentliche Wildformen des Mohnes sind nicht bekannt. Man kann aber mit einiger Sicherheit vermuten, daß die Kulturform sich aus der Art *Papaver setigerum* D. C. entwickelt hat. Die Verbreitung der Wildart erstreckt sich auf das Mittelmeergebiet.

Die Kulturform des Mohnes ist einjährig, während es eine ganze Reihe von verwandten Arten gibt, die ausdauernd sind.

Der Mohn hat eine ausgeprägte Pfahlwurzel.

Der oberirdische Sproß bildet zunächst eine größere Anzahl von Blättern aus, die in einem spitzen Winkel nach oben stehen. Später entwickelt sich der aufrechte Stengel, der je nach Sorte einzeln bleibt, oder sich zu 2 bis 6 Trieben verzweigt.

Ölbäume können sehr alt werden  *Die Früchte der Ölbäume – Oliven*

Die Frucht des Mohnes ist eine vielfächrige, unbehaarte Kapsel. Die Kapselform kann recht verschieden sein, ebenso die Größe. Beim Schüttmohn öffnen sich kleine Löcher unterhalb der Narbenscheibe, aus denen die reifen Samen beim Bewegen der Pflanzen herausfallen. Beim Schließmohn öffnen sich die Kapseln nicht.

An den Scheidenwänden der Kapseln werden die Samen ausgebildet. Nach der Reife fallen sie von den Scheidewänden ab und sammeln sich auf dem Kapselboden. Die Zahl der Samen je Kapsel kann sehr beträchtlich sein, bis 2000 Stück. Der einzelne Samen ist nierenförmig und hat eine Länge von 1 bis 1,5 mm, eine Breite von 1,1 mm und eine Dicke von 0,9 mm. Ein Korn wiegt im Durchschnitt 0,6 mg. Die Kornfarbe kann weiß, gelb, grau, schwarz oder blaugrau in verschiedenen Abstufungen sein. Der Ölgehalt der Samen schwankt zwischen 44,1 % und 46,6 % der Trockensubstanz.

Entwicklung des Anbaues

Der Mohnanbau war bereits den Griechen und Römern bekannt. Bei ihnen wurde sowohl der Samen als Zusatz zum Gebäck als auch der Milchsaft zur Opiumbereitung verwendet.

Mohnblüten und unreife Kapseln 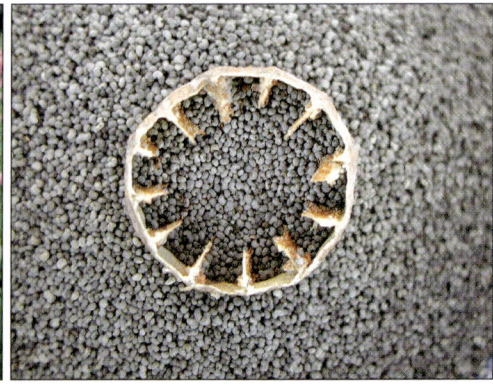 *Querschnitt durch eine Mohnkapsel*

In Mitteleuropa ist der Anbau schon zur Zeit der Pfahlbauten durchgeführt worden, was zahlreiche Funde belegen. Wahrscheinlich wurde er damals als Ölfrucht genutzt. Für das Mittelalter ist die Kultur des Mohnes in vielen botanischen und wirtschaftlichen Schriften bezeugt, auch waren bereits Sorten mit den verschiedenen Farben bekannt. Erst Anfang des 20. Jh. beginnt der feldmäßige Anbau des Mohnes in größerem Maßstab.

Grau-, Weiß- und Blaumohn

Anbau und Ernte

Der Mohn läßt sich leicht in die Fruchtfolge eingliedern, da er keine besonderen Ansprüche an die Vorfrucht stellt, selbst aber eine ausgezeichnete Vorfrucht ist. Die höchsten Erträge werden erzielt, wenn der Mohn nach gedüngten Hackfrüchten, Klee oder sonstigen Leguminosen steht. Ebenso kann man ihn nach Getreide anbauen. Als Nachfrucht läßt man Wintergetreide, am besten Weizen, folgen.

Hinsichtlich der Ernte fügt sich der Mohn gut in die Betriebsorganissation ein. Sie fällt im allgemeinen in die Zeit nach der Getreideernte, und man ist bei ihr nicht zu kurz gebunden. Es schadet nichts, wenn der Mohn etwas länger auf dem Halm stehen bleibt, da er nicht ausfällt und in den frei auf dem Halm stehenden Kapseln gegen Verderb besser geschützt ist.

Mohnöl

Das Mohnöl wird im allgemeinen durch kaltes Pressen gewonnen. Die dabei entstehenden Ölkuchen enthalten etwa 10 % Öl mehr als die aus der warmen Pressung. Letztere wird häufig als zweites Verfahren angewendet, nachdem durch die kalte Pressung das beste Öl gewonnen wurde.

Das kaltgepreßte Mohnöl, „weißes Mohnöl", hat eine hellgelbe Farbe und einen angenehmen Geschmack, der es für Speisezwecke sehr geeignet macht. Der Geruch ist sehr schwach ausgeprägt. Das Öl ist klar, dünnflüssig und bedarf vor der Verwendung keiner besonderen Raffination. Das bei der Warmpressung erhaltene Öl ist rötlich und hat einen kratzenden Geschmack. Es ist für Speisezwecke nicht zu verwenden.

Das Mohnöl enthält sowohl gesättigte als auch ungesättigte Fettsäuren. Erstere sind etwa zu 7 % vorhanden, von ihnen macht die Myristinsäure den weitaus größten Teil aus. Außerdem sind Palmitin-, Laurin- und in geringen Mengen auch Stearinsäure enthalten. Von den ungesättigten Fettsäuren kommen α- und β-Linolsäure sowie Ölsäure vor. Alle drei Säuren zusammen machen etwa 90 % der Gesamtölmenge aus.

Der verhältnismäßig hohe Gehalt an ungesättigten Fettsäuren hat zur Folge, daß das Mohnöl an der Luft trocknet. Der Trocknungsvorgang ist jedoch von dem des Leinöls vorkommenden grundsätzlich verschieden. Während beim letzteren der entstehende Film eine lederartige Konsistenz besitzt, der sich in Ether nur wenig löst, wird der Mohnölfilm durch Ether völlig aufgelöst. Dies ist auch der Fall, wenn der Mohnölfilm sehr alt ist. Ferner wird der Mohnölfilm durch hohe Temperaturen von 100 °C erweicht. Bei noch höheren Temperaturen, etwa um 120 °C, schmilzt er vollständig. Dieser Unterschied im Trocknungsverhalten wird auf das Fehlen der Linolensäure zurückgeführt.

Mohnöl wird bei -15 °C dickflüssig und erstarrt bei -17 bis -27 °C zu einer dicken weißen Masse. Wenn es einmal erstarrt ist, bleibt es auch bei Wiedererwärmung bis auf -2 °C fest.

Der Schmelzpunkt des Mohnöls liegt zwischen 20 und 21 °C. Die Jodzahl der gesättigten Fettsäuren wurde mit 116 bis 139, der ungesättigten Fettsäuren mit 150 festgestellt. Die Säurezahl von kaltgepreßtem Öl beträgt 5,6, von warmgepreßtem Öl bis zu 35,4 und von extrahiertem Öl bis zu 18,8. Die Kennzahlen des Mohnöles werden durch längeres Lagern stark verändert. Die Säurezahl steigt erheblich an und die Jodzahl sinkt im allgemeinen. Diese Veränderungen können schon im gelagerten Samen vor sich gehen.

Eine zu starke Stickstoffdüngung kann den Ölgehalt herabsetzen, wie eine zu starke Vereinzelung der Bestände.

Verwertung des Öles

Kaltgepreßtes Mohnöl stellt ohne weitere Behandlung ein vorzügliches Speiseöl dar. Daneben findet es zur Herstellung pharmazeutischer Präparate Verwendung. Warmgepreßtes und Extraktionsöl werden in der Firnis- und vor allem in der Seifenfabrikation benutzt, denn es läßt sich leicht zu harten Seifen verarbeiten. Der Verwendung als Grundstoff von Malerfarben, zu dem es sich wegen seiner Trocknungsfähigkeit eignet, steht die oben erwähnte Zersetzung bei hohen Temperaturen, das Wiedererweichen sowie die Auflösung durch chemische Reagenzien in Wege. Diese Fehler können beseitigt werden, wenn man sogenannte Standöle verwendet. Dieses wird hergestellt, indem das Mohnöl in Kohlesäurestrom während 60 Stunden erhitzt wird.

SONNENBLUME
(Helianthus annuus L.)

Botanik

Die Sonnenblume gehört der großen Familie der Kompositen (Korbblütler) an. Die Gattung *Helianthus* bildet mit den Gattungen *Ambrosia, Xanthium* (Spitzblatt), *Rudbeckia* (Sonnenhut), *Bidens* und *Gallinsoga* den Tribus Heliantheae. Innerhalb der Gattung *Helianthus* werden etwa 50 verschiedene Arten unterschieden. Wirtschaftlich genutzt werden *Helianthus tuberosus* (Topinambur) und *Helianthus annuus* (Sonnenblume). Eine ganze Anzahl von Arten wird aber als Zierpflanzen kultiviert. Das Heimatgebiet aller Helianthus-Arten ist Nordamerika, in Europa sind sie erst später eingeführt worden.

Das Wurzelsystem der Sonnenblume besteht aus vielen feinen Faserwurzeln, die in große Tiefen dringen. Da die Hauptmasse der Wurzeln jedoch in der oberen Krume bleibt, ist die Sonnenblume nicht sehr fest im Boden verankert und es kommt häufig zu Windwurf.

Die Wuchsform der Sonnenblume ist meist einstengelig unverzweigt. Während bei einer Reihe von Formen nur ein Blütenteller ausgebildet wird, neigen andere Typen zur Ausbildung von mehreren Nebenblütenständen.

Die einzelne Frucht (Achäne) besteht aus einer stark verholzten zweiteiligen Fruchtwand und dem Keimling. Sie ist 7,5 bis 17 mm lang, 9 mm breit und 2 bis 2,5 mm dick, eiförmig und seitlich zusammengedrückt. Auch ist meist eine kurze, flaumige Behaarung festzustellen. Man unterscheidet nach der Form 3 Gruppen: Normale (doppelt so lang wie breit), kurze und lange. Der Schalenanteil liegt zwischen 25 und 50 %. Die Fruchtwand läßt sich der Länge nach spalten, der Keimling löst sich dann leicht heraus. Die Farbe der Früchte schwankt zwischen elfenbeinweiß und violettschwarz. Unter den Kultursorten ist die graue Farbe sehr verbreitet. Häufig ist die Farbe auch in einzelnen Streifen auf der Fruchtschale verteilt. Der Keimling besteht aus dem verhältnismäßig kleinen Embryo und den beiden großen Keimblättern. Letztere enthalten den Hauptteil des Öles. Der Ölgehalt des Keimes schwankt je nach Sorte zwischen 42 und 63 %. Das Tausendkorngewicht der Früchte liegt zwischen 64 und 155 g, jedoch gibt es auch bedeutend großsamigere Typen, die Zahlen von 200 g erreichen.

Entwicklung des Anbaues

Das Heimatgebiet der Sonnenblume ist an der westlichen Küste des amerikanischen Kontinents zu suchen. Besonders zahlreich waren die Wildformen in Mexiko und Peru vertreten. Von Mexiko kam die Sonnenblume wahrscheinlich um 1570 nach Europa, wo sie zunächst nur als Zierpflanze kultiviert wurde. Anfang des 20. Jh. war die Sonnenblume über ganz Europa verbreitet, insbesonders im Osten und Süden wurde sie in großem Maßstab landwirtschaftlich und gärtnerisch genutzt.

Anbau und Ernte

Die Ansprüche der Sonnenblume an das Klima sind durch ihr großes Wärmebedürfnis gekennzeichnet. Infolgedessen wird die Sonnenblume zur Samengewinnung vornehmlich in den südlichen und südöstlichen Teilen Europas angebaut. Im kontinentalen Klima reicht der Anbau auch etwas weiter nach Norden, weil die heißen Sommer sich günstig auf die Reife auswirken.

Hinsichtlich der Vorfrucht ist die Sonnenblume nicht wählerisch.

Die Sonnenblume ist ein außerordentlich starker Nährstoffzehrer, weshalb die Düngung reichlich bemessen sein muß.

Die Ernte fällt bei den spätreifen Sorten in die Zeit von Ende August bis Ende September. Extrem spätreife Typen werden in Mitteleuropa gar nicht mehr reif. Die volle Samenreife wäre dann erreicht, wenn die fleischigen Blütenböden ausgetrocknet sind. Im allgemeinen tritt dies aber nicht ein, denn sie werden zwar gelb, trocknen aber auf der Pflanze nicht völlig aus.

Die Entkörnung erfolgt im Kleinanbau von Hand. Die Samen lösen sich, wenn die Blütenböden trocken sind, leicht aus diesen heraus. Beim Anbau im großen werden sie mit Mähdreschern geerntet. Wenn eine Trockenanlage vorhanden ist, werden die Blütenböden von der Maschine zerschlagen und lassen sich nach der künstlichen Trocknung leicht von den Samen trennen. Ohne künstliche Trocknung dürfen sie nur dünn auf den Speicher geschüttet werden, da sie sonst leicht warm werden und schimmeln.

Sonnenblumenöl

Bei der Ölgewinnung werden die Sonnenblumensamen in besonderen Mahlgängen geschält und dann in Etagenpressen gepreßt. Trübungsstoffe, die aus einem den Schalen entstammenden Wachs bestehen, werden durch Absitzenlassen entfernt. Das kaltgepreßte Öl ist hellgelb und schmeckt angenehm mild. Das aus der Warmpressung stammende Öl hat

Blühende Sonnenblumen

eine dunkle Farbe und einen spezifischen Geschmack, der durch das Rösten entsteht und meist als angenehm empfunden wird.

Der Gehalt an gesättigten Fettsäuren beträgt etwa 9 %. Es sind dies die Glyzeride der Palmitin-, Stearin-, Arachin- und Lignocerinsäure. Die beiden letzteren sind nur in geringen Mengen vorhanden. Von ungesättigten Säuren kommen die α-Linolsäure zu 34,3 %, die β-Linolsäure zu 12,9 % und die Ölsäure zu 39,0 % vor. Ferner sind Oxysäuren, Carotinoide, Glycerin und unverseifbare Substanzen enthalten. Die Zusammensetzung des Öles wird durch die Temperatur während der Fruchtzeit deutlich beeinflußt. Hohe Linolsäurewerte bis 77 % sind bei kühlen Temperaturen zu erwarten. Hingegen kann bei sehr hohen Temperaturen der Linolsäureanteil auf ca. 20 % sinken.

Infolge des hohen Gehaltes an ungesättigten Fettsäuren wird das Sonnenblumenöl zu den trocknenden Ölen gerechnet. Da ihm aber die Linolensäure fehlt, sind seine Trocknungseigenschaften nicht so gut wie die von Leinöl. Es ist in dieser Beziehung mit Mohnöl auf eine Stufe zu stellen, trocknet jedoch noch etwas langsamer. Es dauert etwa 21 Tage, bis es vollständig trocken ist. Bei Mischung mit einigen Farben kann jedoch ein schnelles Trocknen erzielt werden. Mit dem Mohnöl hat das Sonnenblumenöl auch die unangenehme Eigenschaft des Wiedererweichens gemeinsam.

Der Ölfilm schmilzt bereits bei 85 bis 90 °C unter Gasentwicklung. Sonnenblumenöl erstarrt bei -16 °C zu einer gelbweißen Masse. Das spezifische Gewicht beträgt 0,924 bis 0,936

Sonnenblumen reif für den Drusch    *Die Samen der Sonnenblume*

bei 15 °C. Die Jodzahl schwankt zwischen 127,0 und 134,0. Sie erhöht sich bis zur Vollreife, um bei der Totreife der Samen wieder etwas zu fallen. Die Säurezahl beträgt 0,6.

Verwertung des Öles

Das Sonnenblumenöl wird wegen seines angenehmen, nußartigen Geschmacks vielfach als Speiseöl verwendet. Es steht hinsichtlich der Eigenschaften für diesen Zweck dem Olivenöl nahe. Auch das warmgepreßte Öl wird wegen seines spezifischen Geschmacks gerne als Speiseöl verwendet. Daneben wird es auch als Rohstoff bei der Margarineherstellung verwendet.

Ein kleinerer Anteil wird zu Seifen und Firnissen verarbeitet, als Ersatz für Leinöl. Wenn man es zu Standöl verkocht, liefert es mit Zinkweiß vermischt hochglänzende Emailfarben. Die Trocknungsfähigkeit wird dadurch aber nicht verbessert. In der Kosmetik kommt das Öl nur wenig zum Einsatz, da es sehr oxidationsempfindlich ist.

WEISSER SENF
(Sinapis alba L.)

Botanik

Der Weiße Senf, *Sinapis alba*, gehört ebenso wie der Raps zur Familie der Kreuzblütler. Mit ihm nahe verwandt sind die Arten *Sinapis dissecta*, mit der er sich leicht kreuzen läßt, und *Sinapis arvensis*, die beide als Kulturpflanze in Mitteleuropa nicht in Frage kommen.

Der Senf hat eine verhältnismäßig schwache Bewurzelung. Die Hauptwurzel ist dünn und spindelförmig. Der oberirdische Sproß der Pflanze erreicht bei günstigen Verhältnissen eine Höhe von 60 bis 150 cm. Insbesondere bei Trockenheit werden die Pflanzen oft nur 20 bis 25 cm hoch. Vom

Reifende Senfschoten   *Blühender Weißer Senf*

zweiten Drittel des Hauptsprosses ab setzt eine starke Verzweigung ein, so daß Einzelpflanzen kandelaberartigen Wuchs aufweisen. Ein ausgeprägter Haupttrieb ist meistens nicht vorhanden. Alle Stengelteile sind kantig gefurcht und steif behaart.

Die sich bald nach erfolgter Befruchtung entwickelnden Schoten bestehen aus einer Mittellamelle, an der die Samen sitzen, und die in eine lange Spitze ausläuft. Sie wird von den zwei Schotenklappen flankiert, die steif behaart sind. Bei der Reife springen die Klappen leicht auf, so daß unter Umständen größere Ausfallverluste entstehen können. Die Schoten sind 2,5 bis 4,5 cm lang, 3 bis 7 mm breit und enthalten im Durchschnitt 4 Samen.

Der Samen ist von kugeliger Gestalt und gelb gefärbt. Der Durchmesser der Samen beträgt 2 bis 2,5 mm, das Tausendkorngewicht zwischen 2,9 und 8,0 g. Die Keimblätter sind lappig-rinnig und längsgefaltet.

Entwicklung des Anbaues

Der Senf ist eine alte Kulturpflanze, die sich aus der Wildform entwickelt hat. Als Wildpflanze kommt der Senf von Westeuropa bis Indien vor. Er war schon im griechischen und römischen Altertum als Gewürz, Heilmittel und Gemüse (in Form des Krautes) bekannt. Auch in alten deutschen Kräuterbüchern wird er als häufig angebautes und viel verwendetes Gewürz erwähnt. Nach Mitteleuropa wurde er wahrscheinlich durch die Römer gebracht. Heute wird der Senf hauptsächlich in Ungarn, Polen, Marokko und Kanada angebaut.

Anbau und Ernte

An das Klima stellt der Senf keine besonderen Ansprüche. Besonders günstig für den Samenbau des Weißen Senfes scheinen jedoch Gebiete mit kontinentalem Klima zu sein. Wegen seiner Schnellwüchsigkeit kann er auch noch in Gegenden angebaut werden, in denen die Vegetationszeit kurz bemessen ist. Gegen Spätfröste ist er wenig empfindlich.

In bezug auf den Boden besitzt der Senf eine große Anpassungsfähigkeit. Die höchsten Erträge werden auf milden, humosen Lehmböden erzielt. Der Senf gedeiht keinesfalls auf sauren Böden. Der Kalkzustand muß also unbedingt festgestellt werden.

Seine kurze Vegetationszeit von 100 Tagen läßt den Anbau in Gegenden zu, in denen erst eine späte Frühjahrsbestellung möglich ist. In der Fruchtfolge steht der Senf am besten nach gedüngter Hackfrucht, er kann aber auch sehr gut nach Leguminosen und sogar Getreide angebaut werden.

Bei der Ernte ist ebenso wie beim Raps die Gefahr des Aufplatzens der Schoten zu beachten, obwohl sie nicht ganz so groß ist. Sie besteht nur, wenn man den Senf totreifen läßt. Die Ernte erfolgt Mitte Juli bis Mitte August.

In der Regel wird der Senf direkt gedroschen, unter schwierigen Klimaverhältnissen auch vom Schwad. Um Verluste bei der Ernte zu vermeiden, sollte er direkt unter den Samenständen geschnitten werden. Damit gelangt weniger Stroh in die Dreschmaschine und die Reinigung erfolgt effizienter. Die Pflanze sollte bereits dürr und die Samen in der Schote gelb sein. Um die Samen nicht zu beschädigen, darf nur vorsichtig und mit nicht zu hoher Dreschtrommeldrehzahl gedroschen werden. Wegen ihres hohen Fettgehalts würden die Samen sonst rasch ranzig werden. Die Erträge schwanken je nach Witterungsverlauf. Mit 1.500 kg/ha kann man in „Normaljahren" jedenfalls rechnen. Bei längerer Lagerung sollte der Feuchtigkeitsgehalt der Samen um 10 % liegen.

Senföl

Das Senfkorn enthält 25 bis 30 % fettes Öl und ein schwefelhaltiges Glykosid. Es liefert bei der Hydrolyse Glucose, Sinalbinsenföl und Sinapinsulfat. Das Sinalbinsenföl stellt das p-Oxybenzylisothiocyanat dar. Die Hydrolyse erfolgt durch Einwirkung von Säuren in wäßriger Lösung oder durch das im Senfkorn enthaltene Enzym Myrosinase.

Durch kalte Pressung erhält man aus 1000 kg Senfsaat ca. 250 l Öl. Das Weißsenföl besitzt eine gelbe Farbe und der Geschmack ist brennend. An Fettsäuren vorhanden sind Palmitinsäure 2,0 %, Arachinsäure 1,0 %, Lignocerinsäure 1,0 %, Ölsäure 28,0 %, Linolsäure 14,5 % und Erucasäure 52,5 %.

Das fette Öl hat einen von geringen Mengen des Glykosid herrührenden beißenden Geschmack. Dieser tritt bei kaltgepreßtem Öl wenig hervor, so daß dasselbe als Speiseöl verwendet werden kann. In Mitteleuropa ist es wenig gebräuchlich, dagegen wird es in Rußland vielfach verwendet. Es stellt gleichzeitig ein Speisegewürz dar. Außerdem wird das Senföl für Schmier- und Brennzwecke, zur Herstellung von Seifen und kosmetischen Präparaten und in der Pharmazie häufig verwendet. Der Ölgehalt ist sehr vom Reifezustand der Samen abhängig. Nur vollreife Samen haben den höchstmöglichen Ölgehalt. Senfsorten mit hohem Tausendkorngewicht haben meistens auch einen hohen Ölgehalt.

Das Öl wird außerdem zum Aromatisieren von Essig verwendet.

Die Kennzahlen des fetten Öles sind: spezifisches Gewicht 0,911 bei 15 °C; Erstarrungspunkt -8 bis -16 °C, Säurezahl 2,6 bis 8,5, Verseifungszahl 170 bis 178; Jodzahl 92 bis 108, Unverseifbares 0,98 %.

Nebennutzung des Senfes

Die Preßrückstände werden zur Herstellung von Tafelsenf benutzt. Ihre Eignung dazu beruht auf dem Gehalt an Sinalbinsenföl. Deshalb sind Preßkuchen aus kalter Pressung hierfür besser geeignet als solche aus warmer Pressung, weil bei dieser das ätherische Öl zum großen Teil in das fette Öl übergeht. Als Viehfutter sind die Senfkuchen ungeeignet. Sie können höchstens in kleinen Mengen verabreicht werden. Dies hat eine diätetische Wirkung, erhöht die Freßlust der Tiere und fördert die Verdauung.

Neben der Verarbeitung zu Öl wird Senfsamen unzerkleinert als Gewürz verwendet. Der wirksame Bestandteil ist das Glykosid Sinalbin.

SCHWARZER SENF
(Brassica nigra (L.) Koch)

Botanik

Trotz der im deutschen Sprachgebrauch ähnlichen Bezeichnung gehört der Schwarze Senf zu einem ganz anderen Formenkreis der Familie der Kreuzblütler. Obwohl im äußeren Aufbau gewisse Ähnlichkeiten bestehen, unterscheidet sich der Schwarze Senf von *Sinapis alba* vor allem durch die Chromosomenzahl. Beide Arten lassen sich auch nicht miteinander kreuzen.

Der Schwarze Senf hat eine spindelförmige Wurzel. Der oberirdische Sproß erreicht bei guter Kultur eine Höhe von 1 bis 1,50 m. Der Stengel ist borstig behaart und nur in den oberen Teilen kahl. Bei guter Ernährung ist er bläulich bereift. Die zahlreich vorhandenen Nebentriebe stehen fast aufrecht.

Die Schote enthält in jedem Fach 4 bis 10 Körner von kugeliger Gestalt mit 0,95 bis 1,6 mm Durchmesser. Das Tausendkorngwicht beträgt 1,10 bis 2,50 g. Der Schwarze Senf ist also kleinkörniger als der Weiße. Die europäischen Sorten gehören zu den großkörnigsten. Die Samenfarbe ist dunkelrot. Die Oberfläche der Samen ist netzig und etwas rauh.

Entwicklung des Anbaues

Eine eigentliche Wildform ist heute nicht mehr bekannt. Es kommen zwei geographische Formenkreise vor. Die eine, *f. occidentalis*, ist hauptsächlich in Europa, Abessinien, Kreta, Zypern und Afghanistan verbreitet. Die *f. orientalis* findet man in Kleinasien in Kultur.

Wegen ihres hohen Senfölgehaltes wurde die Pflanze frühzeitig genutzt. Schon die Griechen und Römer kannten den Schwarzen Senf. Durch die Römer ist er in Mitteleuropa eingeführt worden. Er ist auch das Senfkorn im Neuen Testament.

Heute kommt *B. nigra* in weiten Gebieten der Erde verwildert vor. Anbau und Ernte erfolgen wie beim Weißen Senf.

Senföl

Der Schwarze Senf enthält wie der Weiße neben dem fetten Öl ein Glykosid, das Sinigrin. Das Sinigrin liefert bei der Hydrolyse mit verdünnten Säuren oder dem Enzym Myrosinase neben Kaliumbisulfat und Glucose das ätherische Schwarzsenföl (Allylisothiocyanat), das als Allylsenföl bezeichnet wird.

Die Bewertung des Schwarzen Senfes erfolgt nach seinem Gehalt an fettem Öl und Glykosid bzw. an ätherischem Allylsenföl.

Allgemein zeigt sich, daß der Senfölgehalt umso höher ist, je höher der Kornertrag ist. An fettem Öl enthält der Schwarze Senf etwa 30 %. Die Gewinnung des fetten Öles erfolgt durch Kaltpressen. Hierbei bleibt das ätherische Öl zum größten Teil noch in den zerkleinerten Samen zurück. Es wird erst beim Anrühren der Preßkuchen mit Wasser frei, woraus es durch Destillation gewonnen wird.

Das Öl ist dunkelgelb und von mildem, etwas an ätherisches Senföl erinnerndem Geschmack.

Das Schwarzsenföl enthält 5,65 % gesättigte Fettsäuren bestehend aus 2,0 % Palmitinsäure, 2,0 % Lignocerinsäure und Spuren von Stearin- und Arachinsäure; ungesättigte Fettsäuren: Ölsäure 24,5 %, Linolsäure 19,5 %, Linolensäure 2 % und Erucasäure 50,0 %. Die Kennzahlen des

Brauner oder Sareptasenf

Schwarzsenföles lauten: spez. Gewicht bei 15 °C 0,9212, Erstarrungspunkt -11 bis -18 °C, Säurezahl 2,6, Verseifungszahl 173,2, Jodzahl 102,6, Unverseifbares 1,1%.

Der hohe Senfölgehalt macht den Nutzwert des Schwarzen Senfes aus. Er findet in der Senfherstellung, als „Scharfmacher" und in der Pharmazie für die Herstellung von Hautreizmitteln, wie Senfpflaster, -salben und -pulver Verwendung. Das durch Abpressen gewonnene Öl wird in der Technik als Schmieröl verwendet.

BRAUNER SENF, SAREPTASENF
(Brassica juncea (L.) Czem. et Cosson)

Botanik

Sareptasenf ist eine amphidiploide Art. Viele Kreuzungen zwischen *Brassica campestris* und *Brassica nigra* bestätigen die Richtung der Abstammung.

Die Wurzel ist eine mittelstarke Pfahlwurzel mit zahlreichen Nebenwurzeln. Der Stengel ist mittelfein und wird 100 bis 150 cm hoch. Die Verzweigung ist weniger stark ausgeprägt als bei Raps. Die unteren Blätter sind, ähnlich wie bei den Rübsen, stark geklappt und teilweise gezähnt, die oberen Blätter dagegen lanzettenförmig, spitz zulaufend und meist schwach.

Die Schoten sind kürzer als beim Raps und stehen im spitzen Winkel am Stengel. Die Samen sind kleiner als bei Raps und Rübsen. Das Tausendkorngewicht beträgt 1,7 bis 2,8 g. Die Samenfarbe variiert von braunschwarz, braun in allen Abstufungen bis goldgelb.

Entwicklung des Anbaues

Der Braune Senf hat sich schon frühzeitig im asiatischen Raum durch spontane Kreuzungen zwischen dort beheimateten *Brassica campestris*-Typen und Wildformen von *B. nigra* entwickelt. Von dort hat sich die Pflanze nach Indien und Ägypten sowie von Zentralasien nach dem südöstlichen Teil Rußlands und Europa ausgebreitet. 1753 wird die Pflanze als *Sinapis juncea* bezeichnet.

Die heutigen Hauptanbaugebiete liegen im asiatischen Bereich, vor allem in Indien. Dort ist sie die Hauptölpflanze. In Europa wird ein beachtlicher Anbau in Südrußland betrieben, größere Flächen gibt es auch in Frankreich, Schweden und Deutschland.

Der Proteingehalt der Samen liegt bei 24 % der Trockenmasse. Der hohe Senfölgehalt und der beachtliche Ölgehalt macht den Senf zu einer interessanten Öl- und Gewürzpflanze. Beim Fettsäuremuster lassen sich zwei Rassen mit 20 bis 24 % Erucasäure und mit 40 bis 46 % unterscheiden.

LEINDOTTER
(Camelina sativa Crtz.)

Botanik

Der Leindotter gehört auch zur Familie der Cruciferen. Die Gattung *Camelina* umfaßt fünf Arten, von denen aber nur die Art *C. sativa* Crtz. sich zu einer Kulturpflanze entwickelt hat. Sie hat sich zweifellos aus der Wildform entwickelt, die als Unkraut in Lein in ganz Europa und im nördlichen Asien östlich bis zum Baikalsee vorkommt.

Der Leindotter hat eine dünne spindelförmige Wurzel von hellgelber Färbung. Der Stengel wird 30 bis 100 cm hoch. Er wächst zunächst eintriebig, verzweigt sich aber später im oberen Drittel sehr stark. Die Seitentriebe stehen im spitzen Winkel aufrecht.

Die Schötchen haben eine birnenförmige Gestalt und sind ziemlich stark verholzt. Bei der Reife platzt es nicht auf. Charakteristisch ist die sich aus dem Griffel entwickelnde Spitze. Die Gesamtlänge des Schötchens beträgt 7 bis 9 mm, die des Stielchens 10 bis 25 mm. Die beiden Schotenklappen sind gewölbt, der Mittelnerv tritt deutlich hervor. Jedes Schötchen enthält 8 bis 16 gelb oder rötlich gefärbte Samen von länglichwalziger Form mit deutlich abgesetztem Würzelchen. Dieses erstreckt sich über die ganze Länge des Samens. Die Samen sind im Durchschnitt 2,3 mm lang, 1,2 mm breit und 1,0 mm dick. Das Tausendkorngewicht beträgt 0,7 bis 1,6 g. Die Samenschale enthält Schleimstoffe, die beim Anfeuchten aufquellen.

Entwicklung des Anbaues

Der Leindotter ist eine uralte Kulturpflanze. Der Nachweis seiner Kultur reicht bis in die Hallstattzeit zurück. Er war in früheren Jahrhunderten auch in Deutschland eine weitverbreitete Ölfrucht. Dafür sprechen unter anderem die mannigfachen mundartlichen Bezeichnungen wie Flachsdotter, Buttersamen, Butterraps, Schmalzsaat, deutscher Sesam, Dotterkraut, Rillsaat, Finkensamen, gemeine Cameline usw. In neuer Zeit ist der Anbau des Leindotters in ganz Mitteleuropa stark zurückgegangen. Heute werden nur noch in Rußland und Polen größere Flächen angebaut.

Leindotter

Anbau und Ernte

Der Leindotter hat nur geringe Ansprüche, was das Klima und den Boden angeht. Er gedeiht auch auf trockenen, sandigen Böden, auf denen kaum andere Ölfrüchte mehr angebaut werden können. Am besten sind kalkhaltige lehmige Sandböden.

Aus betriebswirtschaftlicher Sicht hat der Leindotter einige Vorteile. Besonders hervorzuheben ist die kurze Vegetationsdauer von 12 bis 14 Wochen, seine Unempfindlichkeit gegen Spätfröste und geringe Anfälligkeit für Schädlinge. Dagegen verläuft die erste Jugendentwicklung ziemlich langsam, so daß die Gefahr der Unterdrückung durch Unkraut besteht. Im allgemeinen wird der Leindotter als Sommerfrucht kultiviert. Sehr gut geeignet ist der Leindotter als Nachsaat auf ausgewinterten Getreide- und Ölfruchtflächen. Wegen seiner kurzen Vegetationszeit und Lagerfestigkeit wird er auch als Überfrucht für Luzerne und Erbse verwendet.

Die Ernte erfolgt je nach Aussaatzeit Mitte Juli bis Ende August. Der Zeitpunkt der Ernte ist dann gekommen, wenn die Mehrzahl der Schoten eine gelbe Färbung zeigt. Im Gegensatz zu vielen anderen Ölfrüchten ist ein nennenswerter Verlust durch Aufplatzen der Schoten nicht zu befürchten. Beim Drusch sind abgesehen von der Verwendung geeigneter Siebe keine besonderen Maßnahmen notwendig.

Leindotteröl

Die Samen enthalten zwischen 28 und 42 % Öl, das einen hohen Anteil an mehrfach ungesättigten Fettsäuren enthält. Das rohe Öl ist zunächst dunkel gefärbt. Nach kurzer Zeit setzen sich die dunklen Partikel ab, und man erhält ein hellgelb gefärbtes Öl, das den auch für Rapsöl typischen saatigen Geruch aufweist. Es besitzt einen hohen Gehalt an α-Linolensäure (ca. 55 %). Auf Grund seines hohen Gehalts an mehrfach ungesättigten Fettsäuren gehört Leindotteröl ebenso wie Leinöl zu den schnelltrocknenden Ölen. Dadurch ist es für den Einsatz in der Oleochemie interessant und kann bei der Herstellung umweltfreundlicher Polymere, Lacke oder Farben verwendet werden.

SAFLOR
(Carthamus tinctorius)

Botanik

Der Saflor gehört wie die Sonnenblume zur Familie der Korbblütler und darunter dem engeren Kreis der Distelgewächse an. Von den verschiedenen Arten der Gattung hat nur *C. tinctorius* wirtschaftliche Bedeutung erlangt, und zwar zunächst nicht als Öl-, sondern als Farbpflanze. Der rote Farbstoff, der aus den Blüttenblättern gewon-

Samen des Saflors *Saflor oder Färberdistel*

nen wird, stellte im Mittelalter ein sehr bedeutendes Färbemittel dar. Der Name Saflor ist wahrscheinlich aus flos (lateinisch Blume) und Safran (Farbpflanze) entstanden, Volksbezeichnungen im Mittelalter waren Färberdistel, Deutscher Safran, Bürstenkraut. Der Saflor ist eine krautige, aufrecht wachsende Pflanze mit einer kräftigen Pfahlwurzel. Der oberirdische Sproß erreicht bei geeigneter Pflege eine Höhe von 60 bis 120 cm.

Bei dichtem Stand wächst die Pflanze bis zum obersten Drittel eintriebig. Erst dann tritt eine Verzweigung ein. Bei weitem Stand entsteht eine buschige Wuchsform. Die Stengeltriebe sind unbehaart, glänzend und haben eine weißlichgelbe Farbe.

Die Frucht ist eine elfenbeinfärbige Schließfrucht (Achaene). Sie ist verkehrt eiförmig bis birnenförmig, 6 bis 8 mm lang, 3 bis 4 mm breit, 2,5 mm dick.

Der von der 0,5 mm dicken Samenschale umschlossene Samen ist ca. 5,7 mm lang, gelbgrau bis schmutzig weiß. Der Schalenanteil beträgt etwa 40 %. Das Tausendkorngewicht beträgt je nach Herkunft zwischen 25 bis 52 g.

Entwicklung des Anbaues

Die genaue Herkunft des Saflors ist nicht bekannt. Als wahrscheinliche Wildform wird *Carthamus oxyacanthus* genannt. Die ältesten Funde stammen aus Ägypten aus der Zeit 1600 v. Chr., aber auch in Indien und Anatolien ist der Saflor eine alte Kulturpflanze. Von der heutigen Türkei verbreitete sich die Pflanze im Mittelmeerraum und kam mit den Römern nach Mitteleuropa. Im Mittelalter war sie in erster Linie als Farbpflanze bekannt. Aus den Blütenköpfen wurde das sogenannte „Spanische Rot" hergestellt. Im 19. Jh. verschwand der Anbau des Saflors fast vollständig infolge der Erfindung der synthetischen Farbstoffe. Seit jener Zeit ist die Nutzung als Ölfrucht auch urkundlich nachweisbar.

Anbau und Ernte

Der Saflor gedeiht am besten in sommerwarmen Klimalagen. Gegen Dürre ist er weitgehend unempfindlich. Er verlangt sogar zu einem guten Gedeihen eine gewisse Trockenheit. Auf kalkarmen Böden ist die Kultur unmöglich. Der pH-Wert sollte über 6 liegen.

Die Vorteile des Safloranbaues liegen neben seiner Dürreverträglichkeit vor allem in der guten Unkrautunterdrückung infolge des dichten Blattwerkes und in der verhältnismäßig kurzen Vegetationsdauer. Auch gegen Spätfröste ist er weitgehend widerstandsfähig. Da die Samen nicht ausstreuen, kann der Saflor bis zur Totreife auf dem Halm stehen bleiben. Ein weiterer Vorteil im Vergleich zur Sonnenblume ist die Tatsache, daß er dem Vogelfraß fast gar nicht ausgesetzt ist.

Die Ernte des Saflors wird durch die Stachligkeit etwas erschwert. Auf großen Flächen ist der Drusch mit dem Mähdrescher üblich. Da die Stengel ziemlich stark verholzt sind, muß der Dreschkorb möglichst weit gestellt werden.

An Erträgen kann man auf besseren Böden mit 1500 bis 3400 kg/ha rechnen, bei nicht so guten zwischen 500 und 1000 kg/ha.

Safloröl (Distelöl)

Das Öl des Saflors besteht zum größten Teil aus den Triglyzeriden der Palmitin-, Stearin-, Öl-, Linol- und Linolensäure. Dabei überwiegen die ungesättigten Säuren mit über 90 % sehr stark.

Beim Stehen scheidet sich kristallinische Palmitinsäure ab. Infolge des Gehaltes an Linol- und Linolensäure kann das Safloröl zu den trocknenden Ölen gerechnet werden. Es trocknet innerhalb von 6 Tagen. Die Jodzahl liegt zwischen 126 und 150. Die Verseifungszahl wurde mit 172 bis 203 festgestellt, unverseifbare Substanzen sind zu 2,25 % vorhanden.

Das Öl löst sich in warmem absoluten Alkohol sowie in allen anderen ähnlichen Fettlösungsmitteln.

Distelöl erstarrt bei -13 bis -25 °C. Das spezifische Gewicht beträgt 0,9258.

Die Farbe des Safloröls ist goldgelb bis rotgelb und von dickflüssiger Beschaffenheit. Der nußartige Geschmack ist dem des Sonnenblumenöles ähnlich. Der Geruch ist eigentümlich.

Kaltgepreßtes Saflorsöl aus geschälten Samen läßt sich sehr gut als Speiseöl und bei der Magarineherstellung verwenden. Aus 100 kg Samen erhält man ca. 25 kg Rohöl. Öl aus ungeschälten Samen sowie solches, das durch Warmpressung bzw. Extraktion gewonnen wird, findet in der Industrie Verwendung, vor allem in der Seifenherstellung. Durch zwölfstündiges Kochen erhält man eine gallertartige Masse („Afridiwachs"), die als Ersatz für Leinöl bei der Herstellung von Linoleum Verwendung finden kann.

Weiters wird es als diätisches Lebensmittel bei hohem Cholesterinspiegel eingesetzt, sowie zur Prophylaxe und Behandlung der Arteriosklerose.

Da es sich um ein halbtrocknendes Öl handelt, das empfindliche Haut reizen kann, wird es in der Kosmetik nicht eingesetzt.

In der Farbenindustrie wird es entsprechend dem Leinöl eingesetzt. Es dunkelt nicht nach und ist deshalb für Lacke und helle Farben geeignet.

Bei kühler Lagerung ist das Öl bis zu 12 Monate haltbar.

ERDMANDELGRAS
(Cyperus esculenthus L.)

Botanik

Das Erdmandelgras gehört der Familie der *Cyperaceae* an, die die Schein-, Sauer-, und Riedgräser umfaßt. Verwandte europäische Gattungen sind *Carex* und *Scirpus*. Die Gattung *Cyperus* umfaßt etwa 550 Arten, von denen die meisten in den Tropen und Suptropen vorkommen. In Europa sind nur 21 Arten, meist im pannonischen Raum und im Mittelmeergebiet, verbreitet.

Der oberirdische Teil der Pflanze stellt einen dichtwachsenden Horst von zahlreichen Blattspreiten dar. Blütenstände werden unter unseren Klimaverhältnissen nicht ausgebildet. Der nutzbare Teil der Pflanze besteht in den etwa doppelt haselnußgroßen Knöllchen, die sich an den Stolonen in großer Zahl bilden. Die Knöllchen enthalten neben 30 % Wasser, 22,6 % Rohfett, 7,7 % Rohprotein und 47,5 % Kohlenhydrate, davon 14 % Zucker und 6,7 % Rohfaser.

Der Geschmack der Knolle ist dem von Haselnüssen ähnlich. Im Mittelalter wurden sie geröstet gegessen.

Anbau

Die Heimat des Erdmandelgrases ist wahrscheinlich das Mittelmeergebiet. Von dort aus ist es nach Afrika, Ostindien und Amerika gekommen.

Die Bodenansprüche der Erdmandel sind nicht groß. Sowohl in Hinblick auf Ertrag als auch auf Ernte sind auf jeden Fall mittlere bis leichte Böden zu bevorzugen. Ganz besonders eignen sich moorige, feuchte Böden. Als ideal für die Entwicklung der Knöllchen wird

Von den mandelähnlichen Knollen hat die Erdmandel ihren Namen

eine feuchtwarme Witterung in den Monaten August bis September angesehen. Gegen Frost sind die Pflanzen sehr empfindlich.

Obwohl die Erdmandel selbst als Hackfrucht anzusprechen ist, steht sie in der Fruchtfolge am besten nach anderen Hackfrüchten. Sie ist weitgehend selbstverträglich.

Erdmandelöl

Das Öl der Knolle wird durch zweimalige Warmpressung der getrockneten und zerkleinerten Knollen gewonnen. Die erste Pressung wird bei niedrigerer, die zweite bei höherer Temperatur vorgenommen. Es ist auch durchaus möglich, Extraktionsverfahren anzuwenden.

Das Erdmandelöl enthält 17,3 % gesättigte Fettsäuren, vor allem Palmitin-, Stearin- und Myristinsäure. Außerdem wurde das Vorkommen von Arachin- und Lignocerinsäure nachgewiesen. An ungesättigten Fettsäuren finden sich 67 % Ölsäure und 15 % Linolsäure.

Das spezifische Gewicht beträgt 0,9240 bei 15 °C. Der Erstarrungspunkt liegt unter 3 °C. Die Jodzahl schwankt zwischen 62,4 und 88,4. Die Verseifungszahl liegt bei 190 bis 194. Der Anteil an Unverseifbarem ist ewa 0,6 %.

Das Erdmandelöl gehört zu den nichttrocknenden Fetten und ist seiner Zusammensetzung nach sehr gut als Speiseöl oder zur Margarineherstellung zu verwenden. Es hat einen angenehmen nußartigen Geschmack und eine goldgelbe Farbe. Besonders hervorzuheben ist seine lange Lagerfähigkeit.

Weiters wird es für die Seifenherstellung, als Schmiermittel und in der Feinmechanik verwendet.

ÖLRAUKE
(Eruca sativa Mill.*)*

Botanik

Die Ölrauke gehört der Familie der Kreuzblütler an. Die Gattung *Eruca* umfaßt 14 Arten. Von diesen hat alleine *E. sativa* Bedeutung als Kulturpflanze erlangt. Innerhalb der Art *sativa* unterscheidet man sieben Varietäten.

Die Ölrauke ist im allgemeinen einjährig, im milden Klimagebiet auch einjährig-überwinternd. Die Wurzel ist spindelförmig, 10 bis 15 cm lang mit wenigen und kurzen Seitenwurzeln.

Der unten schwach behaarte, im oberen Teil kahle Stengel wird etwa 90 cm hoch und verzweigt sich vom unteren Drittel ab. Die zahlreichen Seitentriebe erreichen die Länge des Haupttriebes.

Die Schoten schmiegen sich der Blütenachse eng an. Sie sind 22 bis 40 mm lang, 4 bis 7 mm breit, unbehaart und enden in einem flachgedrückten Schnabel. Die Schote enthält 20 bis 34 Samen.

Der einzelne Samen ist etwa 2 mm lang, 1,6 mm breit und 1,1 mm dick. Das Tausendkorngewicht schwankt zwischen 2,6 und 3,2 g. Die Oberfläche der Samen ist punktiert grünlich, die Farbe der Samenschale blaßgelb bis gelbbraun. Der Fettgehalt der Samen liegt zwischen 30 und 35 %.

Entwicklung des Anbaues

Das Heimatgebiet der Ölrauke ist wahrscheinlich Nordafrika. Als Ölpflanze in Kultur genommen wurde sie aber nur in Persien, Afghanistan und Indien. Zunächst war sie ein Unkraut im Lein und wurde dann selbst getrennt vom Lein angebaut. In Europa war die Rauke schon im Altertum bekannt, und zwar als Gewürz- und Heilpflanze. Auf diese Weise hat sich die Kultur, wenn auch in geringem Umfang, erhalten. Auch als Bienenweide war sie bekannt. Sie wird heute noch im Mittelmeergebiet als Öl-, Gewürz-, Salat- und Gemüsepflanze kultiviert.

Anbau und Ernte

Die Herbstsaat kommt in Mitteleuropa weniger in Frage, da die Ölrauke zu leicht der Auswinterung unterliegt. Als Sommerfrucht hingegen findet sie gute Bedingungen vor. Besonders feuchte Lagen sind günstig, da sie eine gute und lange Entwicklung der Pflanze gewährleisten. Für eine halbwegs gute Entwicklung braucht die Ölrauke gute Böden.

Die Erträge liegen zwischen 800 und 1400 kg/ha. Der Ölgehalt der Samen beträgt 30 bis 35 %.

Raukenöl

Die Zusammensetzung des Raukenöls ist folgende: gesättigte Säuren 6,7 %, Erucasäure 58,5 %, Ölsäure 5,4 %, Linolsäure 28,5 %, Linolensäure 1,5 %, Lignolserinsäure 1,8 %.

Die gesättigten Säuren sind hauptächlich Palmitin-, Stearin- und Behensäure. Die Jodzahl liegt zwischen 95 und 105, so daß das Öl den langsam trocknenden Ölen zuzurechnen ist. Das spezifische Gewicht bei 15 °C ist 0,917, die Verseifungszahl 169 bis 176. Der Anteil an Unverseifbarem liegt bei etwa 1,2 %.

Das Öl hat große Ähnlichkeit mit Raps- und Rübsenöl. Der zunächst etwas scharfe Geschmack läßt sich durch Destillation leicht beseitigen. Die Farbe des Öles ist goldgelb bis goldbraun.

Der Ölgehalt und die Jodzahl sinken mit steigender Kalidüngung.

Das Raukenöl wird in Indien als Brenn- und Haaröl verwendet. In Mittelmeerländern wird es häufig als Speiseöl verwendet. Ebenso wird es als Schmier- und Motoröl eingesetzt.

ÖLRETTICH
(*Raphanus sativus oleiferus* L.)

Botanik

Der Ölrettich gehört zur Familie der Kreuzblütler. Er ist nahe mit dem Speiserettich (*Raphanus sativus*) verwandt.

Er ist eine krautige Pflanze, deren aufrecht wachsende Stengel eine Höhe von 50 bis 160 cm erreichen. Der Stengel bildet mehrere Seitentriebe und ist im unteren Teil hohl. Der Ölrettich besitzt eine starke Pfahlwurzel, die tief in den Boden eindringt.

Die Frucht des Ölrettichs ist eine 3 bis 6 cm lange und 1 cm dicke Schote, die länglich zugespitzt und undeutlich gekerbt ist. Sie platzt nicht auf, ist sogar recht schwer zu öffnen, da sie mit pelzigem Mark gefüllt ist. In das Mark sind die Körner eingebettet. Ihre Zahl beträgt 2 bis 3 je Schote.

Der einzelne Samen ist länglich eiförmig oder rundlich eckig, etwas abgeflacht. Die Länge des Samens beträgt etwa 4,5 mm, die Breite 3,5 mm. Das Tausendkorngewicht schwankt zwischen 8 und 18 g. Die Oberfläche des Kornes ist netzig gerunzelt. Die Farbe ist hell-, mittel- bis rotbraun. Die Samen enthalten 38 bis 50 % fettes Öl in der Trockensubstanz.

Entwicklung des Anbaues

Der Ölrettich ist eine sehr alte Kulturpflanze. Sie ist schon 2000 v. Chr. in Ägypten und um 1100 v. Chr. in China nachweisbar. Anfang des 19. Jh. soll der Ölrettich aus China nach Mitteleuropa gekommen sein, wo er zuerst in Schlesien angebaut wurde.

Anbau und Ernte

Die heutigen Anbaugebiete in Europa liegen in Spanien, Ungarn und Rumänien, aber in bescheidenem Maßstab. Der Ölrettich verlangt ein verhältnismäßig mildes Klima. Während der Blüte muß eine warme, trockene Witterung herrschen, wenn ein guter Ansatz gewährleistet werden soll. Auch hinsichtlich des Bodens stellt der Ölrettich gewisse Ansprüche. Am meisten sagen ihm humose, sandige Lehmböden und lehmige Sandböden zu. Er ist keine Frucht für leichte Böden. Der Ölrettich kann in der Fruchtfolge ähnlich wie der Sommerraps behandelt werden. Am besten gedeiht er nach Hackfrucht oder Klee. Gegen Spätfröste ist der Ölrettich ziemlich unempfindlich.

Die Ernte erfolgt im allgemeinen Mitte bis Ende August. Da die Schoten nicht platzen, kann man den Ölrettich voll ausreifen lassen, wobei aber die Gefahr des Vogelfraßes zu berücksichtigen ist. Der Ölrettich darf aber nicht totreif werden, da die Schoten leicht abbrechen. Das Dreschen erfolgt wie beim normalen Getreide mittels Rundsieb.

Die Erträge des Ölrettichs bewegen sich zwischen 600 und 1200 kg/ha.

Rettichöl

Das Öl wird durch Pressung gewonnen. Es wird zu den nicht trocknenden Ölen gezählt. Das Fettsäuremuster zeichnet sich durch mittlere Anteile an Öl-, Linol- und Linolensäure und einen relativ niedrigen Erucasäuregehalt aus.

Es hat ein spezifisches Gewicht bei 15 °C von 0,9150 bis 0,9175 und erstarrt bei -10 bis -17 °C. Die Jodzahl ist 119 bis 124, die der Säurezahl 2,77 bis 4,23.

Die Farbe des Rettichöles ist goldgelb. Der Geschmack ist angenehm mild, und es ist fast geruchlos. Deshalb wird es auch als Speiseöl verwendet. In China wird der bei Verbrennung entstehende Ruß zur Herstellung der chinesischen Tusche gebraucht.

RIZINUS
(Ricinus communis)

Botanik

Der Rizinus gehört zur Familie der *Euphorbiaceen* und ist in unseren Breiten eine einjährige Pflanze. In seiner Heimat Afrika, Indien und Afghanistan ist er einjährig überwinternd. Neben *Ricinus communis* gibt es noch mehrere Arten, wie *R. sanguineus, R. zanzibarensis* u. a., die für die Kultur aber nicht in Frage kommen.

Beim Anbau im Südeuropa wird der oberirdische Sproß des Rizinus bis zu 2 m hoch. Es werden zahlreiche Seitentriebe gebildet.

Die stacheligen Schließfrüchte sitzen auf langen Stielen, 10 bis 20 je Blütenstand bei frühreifen Sorten. Die darin enthaltenen Samen haben einen Ölgehalt von etwa 50 %. Die Samen sind etwa 12 bis 23 mm lang, 9 bis 17 mm breit und 4 bis 6 mm dick, rundoval bis eiförmig, auf einer Seite abgeplattet, glänzend. Das Tausendkorngewicht liegt zwischen 90 und 700 g. Die Samenfarbe variiert von gelblich, grau, braun bis schwarz mit kontrastartigen Flecken oder Marmorierungen. An den Spitzen ist ein gelblicher Wulst ausgebildet.

Entwicklung des Anbaues

Die Urheimat des Rizinus ist nicht genau bekannt. Man nimmt an, daß er ursprünglich aus Äthiopien kommt. Die ältesten Funde stammen aus ägyptischen Gräbern aus der Zeit um 4000 v. Chr. Brasilien, China und Indien sind heute die Hauptanbaugebiete. In Europa wird vornehmlich in Rumänien und Spanien Rizinus angebaut.

Anbau und Ernte

Wenn man Rizinus im nördlichen Gegenden anbauen möchte, so muß dies an Stellen geschehen, die nicht dem kalten Ost- und Nordostwind ausgesetzt sind. Die Bodenansprüche sind als mittel anzusehen. Am besten gedeiht er auf milden, lehmigen Sandböden. Auf nährstoffreichen Böden wird die Reife hinausgezögert. Auch Sandböden mit guter Dungkraft sind für den Anbau geeignet. Auf keinen Fall darf der Boden kalt und feucht sein.

Das Abreifen der Rizinuspflanze geht nur langsam vor sich, so daß eine mehrmalige Ernte der reifen Kapseln durch Absammeln notwendig ist, da sie sonst aufplatzen. Reife Samen müssen hart, blank und schön gefärbt sein. Sie sind infolge des Gehaltes an Rizin giftig. Die Ernte erfolgt von der zweiten Septemberhälfte weg bis Mitte Oktober hinein. Die Erträge schwanken zwischen 500 und 1200 kg/ha.

Rizinusöl

Das Rizinusöl besteht hauptsächlich aus den Glyceriden der Rizinolsäure (87%). Daneben kommen geringe Mengen Ölsäure (7,4 %), Linolsäure (3,1 %) und Dioxystearinsäure (0,6%) vor.

Rizinussamen

Rizinuspflanze

Der Anteil der gesättigten Säuren beträgt 2,4 %. Neben dem fetten Öl enthalten die Körner eine geringe Menge von Rizin, einem Giftstoff, der Körner und Kuchen für das Vieh ungenießbar macht. Durch Destillation läßt sich der Giftstoff jedoch entfernen.

Kaltgepreßtes Rizinusöl ist weiß und farblos oder schwach grünlichgelb. Bei dieser Pressung geht das Rizin nicht in das Öl über, und man erhält 30 bis 36 % Öl. Beim warmen Pressen sind es nochmals 8 bis 12 %. Der Geschmack ist zunächst milde, wird nach kurzer Zeit aber kratzig. Es hat mit 0,9580 bis 0,9730 die höchste Dichte aller bekannten Öle. Bei -12 °C wird es trübe, bei -18 °C tritt eine Erstarrung ein. Rizinusöl trocknet auch bei langem Stehen und in dünn ausgestrichenen Filmen nicht ein, die Jodzahl beträgt 82 bis 90. Die Verseifungszahl ist 176 bis 187, die Säurezahl höchstens 2 und der Anteil an Unverseifbarem höchstens 0,8 %.

Im Vordergrund die gelbblühende Ölmadie

Das Rizinusöl wird neben seiner Verwendung in der Pharmazie (Abführmittel), Kosmetik (Haaröl, Nagelöle, Shampoos, Badeöle, Wimpernöle, Lippenstifte) vor allem zur Schmierung schnell heißlaufender Explosionsmotoren (Rennautos, Flugzeugmotoren usw.) verwendet.

Durch Dehydration der Rizinolsäure zu der ungesättigten 9,11-Linolsäure kann die Trocknungsfähigkeit verbessert werden. Dann kann Rizinusöl in der Anstreichmittelindustrie verwendet werden.

ÖLMADIE
(Madia sativa Mol.)

Botanik

Die aus Chile stammende Ölmadie (*Madia sativa*) gehört zu den Kompositen (Korbblütlern).

Die einjährige Pflanze kann bis zu 1 m hoch werden. Sie scheidet in allen Teilen ein klebriges, unangenehm riechendes ätherisches Öl aus.

Die Früchte, die bei Reife leicht ausfallen, sind bananenförmig gekrümmt, grau gefärbt mit Längsriefen und feiner Punktierung.

Die Samen stellen eine keilförmige Schließfrucht ohne Pappus dar. Sie sind im Durchschnitt 6,7 mm lang, 2,0 bis 2,5 mm breit und 1,0 bis 1,5 mm dick. Das Tausendkorngewicht beträgt 8 bis 9 g, der Ölgehalt der Samen beträgt 30 bis 40 %.

Entwicklung des Anbaues

Die Ölmadie wurde schon von den Indianern als Ölpflanze genutzt. Noch heute wird sie an der Westküste Chiles angebaut. Im 19. Jh. wurde sie nach Europa eingeführt. Der Anbau von Ölmadie beschränkt sich heute auf kleine Gebiete in Südeuropa.

Anbau und Ernte

Die Pflanze hat eine kurze Vegetationsdauer von nur 3 Monaten. Die Ansprüche an das Klima werden nur eingeengt durch ihre Frostempfindlichkeit in der Jugend. Auch die Anforderung an den Boden ist nicht besonders hoch. Am besten sind lehmige Sandböden in trockener, sonniger Lage geeignet.

Der Ernte erfolgt dann, wenn die Samen in der Mehrzahl der Köpfe schwarz sind. Zu lange sollte man nicht warten, da die Körner leicht ausstreuen, wenn die Pflanzen totreif sind. Die Erträge liegen zwischen 600 bis 1200 kg/ha.

Madiaöl

Das Öl der Ölmadie ist von dunkelgelber bis bräunlicher Farbe und hat einen eigentümlichen, angenehmen Geruch. Der Geschmack ist nuß- bis mandelartig. In seinen technischen Eigenschaften steht es zwischen den trocknenden und den nicht trocknenden Ölen. Das spezifische Gewicht bei 15 °C liegt zwischen 0,9230 und 09285, Verseifungszahl 192 bis 195, Jodzahl 117 bis 129. Bei -10 °C erstarrt es. Der Anteil an Unverseifbarem liegt bei 0,5 bis 1 %.

Das Öl besteht aus ca. 55 % Linolsäure und 13 % Linolensäure sowie 11 % Ölsäure und einem hohen Anteil an gesättigten Fettsäuren von rund 15 %.

Kaltgepreßtes Öl eignet sich sehr gut für Speisezwecke, vor allem weil es nicht leicht ranzig wird. Warmgepreßtes Öl kann zur Seifenherstellung verwendet werden.

SCHWARZKÜMMEL
(*Nigella sativa* L.)

Botanik

Der Schwarzkümmel gehört zur Familie der Hahnenfußgewächse oder *Ranunculaceae*.

Außer dieser Art ist als Zierpflanze noch *Nigella damascena* in Kultur, für die „Jungfer im Grünen" oder „Gretel im Busch" volkstümliche Bezeichnungen sind.

Der Schwarzkümmel wird 15 bis 40 cm hoch. Die Wurzel ist kurz und kräftig, mit zahlreichen Nebenwurzeln fest verankert. Die zahlreich im unteren Teil des Stengels entspringenden Triebe sind ziemlich dicht mit den mehrfach fiederteiligen schmalen Blättern besetzt.

Die Samen sind in jedem Fruchtknotenfach in zwei Reihen angeordnet. Ihre Form ist länglich zugespitzt, infolge des Druckes in der Frucht 2 bis 3-kantig, 3 mm lang, 1,5 mm breit und 1 mm dick. Das Tausendkorngewicht beträgt 1,9 bis 2,6 g. Die Oberfläche der Samen ist runzelig, die Farbe schwarz. Beim Reiben der Körner entsteht ein aromatischer Geruch, der auf ein zu 0,6 % vorhandenes ätherisches Öl zurückgeht. Der Gehalt der Samen an fettem Öl beträgt 30 bis 35 %.

Neben den Ölen enthält der Schwarzkümmel ein saponinartiges Glycosid (Melanthin), das toxisch ist, und den Bitterstoff Nigellin.

Entwicklung des Anbaues

Der Schwarzkümmel stammt aus dem östlichen Mittelmeergebiet und Vorderasien. Von dort aus ist er im frühen Mittelalter nach Süd- und nach Mitteleuropa gekommen. In den frühmittelalterlichen Kräuterbüchern wird die Pflanze öfters beschrieben. Schwarzkümmel ist seit der Antike in erster Linie eine Gewürzpflanze. Wegen ihres scharfen Geschmackes werden die Samen als Kümmel- und Pfefferersatz verwendet.

Anbau und Ernte

Der Boden soll möglichst in alter Kultur sein. Frischer Stallmist ist von Nachteil. Bei Nährstoffmangel ist eine ausreichende mineralische Volldüngung zu verabfolgen. Warme, kalkreiche Standorte werden bevorzugt, hingegen sind nasse und kalte Böden nicht geeignet. Die Reife fällt in normalen Jahren in die Zeit von Mitte August bis Anfang September.

Da die Kapseln zur Reife leicht platzen, wird zumeist der Bestand geschnitten und auf Schwad gelegt. Nach einer Nachreifezeit von einigen Tagen erfolgt der Drusch vom Schwad weg. Die Erträge liegen um 2.000 kg/ha.

Schwarzkümmelöl

Das fette Öl enthält ca. 55 % Linolsäure, 22 % Ölsäure, 13 % Palmitinsäure, 3 % Arachinsäure, 0,3 % Arachidonsäure, 0,3 % Myristinsäure und 0,5 % Linolensäure. Die Farbe des Öles ist rötlich, es hat den typischen Geruch der Samen und schmeckt bitter. In Indien wird es als Speiseöl gebraucht. Es wird zum Kochen und für Salate verwendet. Weitere Einsatzbereiche sind in der Kosmetikindustrie. Es gehört zu den nichttrocknenden Ölen. Das spezifische Gewicht bei 15 °C ist 0,9250, der Erstarrungspunkt liegt unter 0 °C. Die Jodzahl liegt zwischen 107 und 117, die Verseifungszahl bei 195 bis 207. Der Anteil an Unverseifbarem liegt bei ca. 0,5 %.

ÖLKÜRBIS
(Cucurbita pepo L. var. *oleifera)*

Botanik

Die Gattung *Cucurbita* aus der Familie der Kürbisgewächse (*Cucurbitaceae*) umfaßt etwa 20 Arten, von denen 5 als Kulturpflanzen hervortreten: *C. maxima* Duch., Riesenkürbis, Küchenkürbis; *C. moschata* Poir., Speisekürbis; *C. ficifolia* Bouche, Feigenblattkürbis; *C. mixeta* Pang; *C. pepo* L., Speise- und Ölkürbis.

Der Kürbis ist ein einjähriges, in den meisten Fällen rankendes Gewächs.

Die Kürbisfrucht besteht aus einer etwa 5 mm dicken, mehr oder weniger stark verholzten Schale, in der sich das Fruchtfleisch befindet, das je nach Sorte 10 bis 50 cm dick ist. In der Mitte der Frucht sind in schwammiges Gewebe die Kerne eingebettet. Die Samen können entweder mit einer lederartig festen, weißen bis elfenbeinartigen Schale mit einem dünnen, silbrigen Häutchen, das nach dem Trocknen leicht abfällt, oder mit einer dunkel- bis oliv- oder hellgrünen Schale umgeben sein. Die weichbeschalten werden auch als „schalenlos" bezeichnet. Die Größe der Samen liegt bei 12 bis 16 mm Länge, 8 bis 12 mm Breite und 2,4 mm Dicke. Das Tausendkorngewicht schwankt von 130 bis 240 g. Der Schalenanteil beträgt bei schalenhaltigen Formen etwa 25 % bei einem Tausendkorngewicht von 250 bis 450 g. Die Kerne der beschalten Form enthalten in der Trockensubstanz 33 bis 40 %, diejenigen der schalenlosen Sorte ca. 50 % Öl.

Entwicklung des Anbaues

Das Heimatgebiet der Kürbisarten ist das südliche Nordamerika und Südamerika bis Peru. Von Amerika aus ist der Kürbis nach Europa, Asien und Afrika eingeführt worden. In Kräuterbüchern aus dem 16. Jh. wird der Kürbis in Deutschland beschrieben. Nach Frankreich und Italien kam er im 18. Jh. und nach Rußland im 19. Jh.

Anbau und Ernte

Die Ansprüche des Kürbis an den Boden sind nicht hoch. Abgesehen von reinen Sandböden kann er überall angebaut werden. Am besten eignet sich jedoch ein dungkräftiger, warmer Boden mit genügendem Feinerde- und Kalkgehalt. Größer sind die Ansprüche an das Klima. Vor allem muß die Niederschlagsmenge ausreichend sein, um die Pflanzen voll

Schwarzkümmel in Blüte (oben) *und mit reifenden Fruchtknoten* (links)

Feld mit reifen Ölkürbissen (unten links). *Nur die Kerne werden zur Ölgewinnung benötigt* (unten rechts)

zur Entwicklung kommen zu lassen. Die Vegetationszeit ist verhältnismäßig lang. Da der Kürbis sehr frostempfindlich ist, wird sie durch die letzten Spät- und ersten Frühfröste scharf begrenzt.

Der Kürbis ist eine Hackfrucht, muß als solche in die Fruchtfolge eingegliedert werden und hat sich auch als Unterkultur von Mais bewährt.

Die Ernte des Kürbisses fällt in den Spätherbst, kann aber teilweise bereits in der zweiten Septemberhälfte beginnen. Im Kleinanbau wird er noch mit der Hand geerntet und entkernt. Im Großanbau werden spezielle Ernte- und Entsamungsmaschinen verwendet. Nach der Ernte erfolgt eine Trocknung in den gebräuchlichen Trockenvorrichtungen bei 30 bis 40 °C. Die Ernteerträge liegen zwischen 500 bis 1200 kg/ha.

Kürbiskernöl

Die Samen werden ungeschält oder geschält gepreßt, eventuell sogar vor der Entschälung geröstet, vor allem in der Steiermark.

Das Kürbiskernöl enthält ca. 15 % gesättigte und 85 % ungesättigte Fettsäuren. Die gesättigten Säuren sind Palmitinsäure und Stearinsäure. Den größten Teil der ungesättigten Säuren machen die Linolsäure mit ca. 55 % sowie die Ölsäure aus.

Das kaltgepreßte Öl ist mehr oder weniger grün gefärbt. Heißgepreßtes Öl aus gerösteter Saat hat eine dunkelrote bis braune Farbe mit deutlicher Fluoreszenz. Extrahiertes Öl ist im allgemeinen heller. Der Geschmack ist angenehm nußartig. Das Öl ist reich an Vitaminen. Es zählt zu den mäßig trocknenden Ölen. Seine Kennzahlen sind: spezifisches Gewicht bei 15 °C 0,9180 bis 0,9270, der Erstarrungspunkt ist -16 °C, die Verseifungszahl liegt zwischen 185 und 197, die Jodzahl zwischen 113 und 134. Die Säurezahl bei 11 bis 13, der Anteil an Unverseifbarem liegt etwa bei 1 bis 1,5 %.

Verwendung findet es vor allem als Speiseöl. Weiters zur Seifenherstellung und in der Kosmetik zur Haut-, Haar- und Körperpflege, sowie zu Massageölen, Gesichtspackungen und Ölbädern.

„Steirisches Kürbiskernöl" ist nach der EWG-Verordnung 2081/92 eine geschützte geographische Angabe.

ÖLPFLANZEN MIT MEHRFACHER NUTZUNG

LEIN
(Linum usitatissimum L.)

Botanik

Die Gattung Linum gehört zur Familie der *Linaceae* oder Leingewächse und enthält etwa 100 Arten, von denen aber nur *Linum usitatissimum* Bedeutung als Kulturpflanze erlangt hat.

Die Leinpflanze besitzt eine ausgesprochene Pfahlwurzel, von der fächerförmig Seitenwurzeln ausgehen. Bei zusagenden Bedingungen erreicht der Faserlein eine Höhe bis zu 1,50 m, der afrikanische Öllein wird oft nur 20 bis 30 cm hoch.

Die Frucht des Leines, die Kapsel, kann kugelförmig, langoval oder zusammengedrückt kugelförmig sein. Ihre Größe ist bei den einzelnen Sorten sehr verschieden. Faserlein hat im allgemeinen kleinere Kapseln als Öllein.

Die Kapsel ist entsprechend den 5 Griffeln in 5 Fächer unterteilt, von denen jede 2 Samenanlagen enthält. Im Höchstfall können also 10 Samen zur Ausbildung kommen. Der Leinsamen ist langoval, flach gedrückt und hat eine starke, glänzende Oberfläche. Die äußere Schicht besteht aus 5 Zellschichten, von denen die äußerste die Fähigkeit besitzt, stark aufzuquellen und eine große Schleimmasse zu bilden. Die Samenfarbe ist meist braun. Fehlt das Pigment, so sehen die Samen gelb aus. Die Größe der Samen ist je nach Sorte oder Herkunft stark verschieden.

Entwicklung des Anbaues

Die Entwicklung des Leinanbaues ist sehr schwierig nachzuvollziehen, weil Aufzeichnungen aus zweifacher Nutzung erwuchsen. Schon von altersher ist von beiden Nutzungsrichtungen Gebrauch gemacht worden.

Die Urheimat des Leines ist aber nach den meisten Autoren in Südwestasien und Nordafrika zu suchen. Sie ist eine der ältesten Kulturpflanzen. Die frühesten Funde stammen aus Kolchis und dem Reich der Sumerer.

Anbau und Ernte

Die kurze Vegetationsdauer und das intensive Wachstum bedingen einen hohen Wasserbedarf. Der Öllein benötigt während der Vegetationszeit weniger Wasser als der Faserlein. Neben dem Wasser spielt die Temperatur eine große Rolle. Die günstigste Temperatur für das Wachstum liegt bei 18 bis 20 °C. Gegen austrocknende Winde ist er empfindlich.

Hinsichtlich des Bodens hat der Lein keine sehr großen Ansprüche. Alle milden Böden sind geeignet.

Häufig wird der Lein nach Getreide angebaut. Sehr günstig steht der Lein auch nach Wiesenumbruch. Raps und Rübsen sind gute Vorfrüchte, da sie das Feld unkrautfrei hinterlassen.

Der Lein ist auch eine ausgezeichnete Vorfrucht. Die einzige Schwierigkeit ist die Unverträglichkeit des Leins mit sich selbst.

Der Ölgehalt ist umso höher, je besser die Pflanze während der Vegetationszeit mit Wasser versorgt wurde. Verstärkte Wasserzufuhr erhöht den Anteil an mehrfach ungesät-

Blühender Lein *Die Kapseln enthalten den Leinsamen*

tigten Säuren, insbesondere dann, wenn zur Zeit der Reife noch kühle Temperaturen herrschen. Eine Stickstoffdüngung senkt die Jodzahl, hingegen läßt die Kalidüngung sie ansteigen.

Frühe Saatzeit begünstigt einen hohen Samenertrag und höheren Ölgehalt. Beim Zeitpunkt der Ernte bestehen grundsätzliche Unterschiede, je nachdem, welcher Nutzungswert überwiegen soll. Um gute Qualität des Flachsstrohes zu erzielen, darf nicht zu spät geerntet werden. Die beste Faser wird gewonnen, wenn die Pflanze anfängt, gelb zu werden. Für eine qualitativ und quantitativ gute Samenernte ist es von Vorteil, den Lein vollreif werden zu lassen. Öllein soll dann geerntet werden, wenn die Körner beim Darüberstreichen mit der Hand in der Kapsel klappern. Deshalb muß bei der Doppelnutzung ein Mittelweg genommen werden, nämlich der Zustand der Gelbreife. Zu dieser Zeit sind die Blätter des untersten Drittels der Pflanzen vergilbt und abgefallen. Die ganzen Pflanzen haben ein gelbgrünes Aussehen und die ersten Kapseln sind braun. Der Gewichtsanteil des Samens zur Zeit der Gelbreife ist etwa um 2,2 % geringer als bei Vollreife. Das Tausendkorngewicht ist in der Gelbreife ebenso hoch wie bei der Vollreife. Am Ölertrag ändert sich nichts.

Das Ernten für beide Verwendungszwecke ist ziemlich schwierig und zeitaufwendig. In den Ländern, wo reiner Ölleinanbau vorherrscht, wird der Lein gemäht bzw. gedroschen. Das Mähen erfolgt meist mit Ableger oder mit Mähbindern. Wird der Öllein mit der Maschine gedroschen, fällt das Stroh als „Wirrstroh" an. Am besten wäre es, die Kapseln noch ungedroschen zu lagern, bis sie völlig trocken sind. Dabei sollten sie nicht zu hoch aufgeschüttet werden, da sie ein günstiger Nährboden für viele Pilzarten sind und von Milben leichter befallen werden können.

Leinöl

Das Leinöl gehört zu den stark trocknenden Ölen, da es reich an mehrfach ungesättigten Fettsäuren ist. Das kaltgepreßte Öl eignet sich als Speiseöl. Man unterscheidet im Handel rohes, gebleichtes, raffiniertes Leinöl und Lackleinöl. Das warmgepreßte Öl ist oft stark getrübt. Es wird zum Klären stehengelassen oder durch Filterpressen geklärt. Das klare Öl trübt sich beim längeren Stehen wieder infolge Ausscheidung des Leinölschleimes. Dessen Entfer-

Leinsamen

nung erreicht man durch Erhitzen auf 270 bis 290 °C. Dieser wird als flockige, voluminöse Masse abgeschieden. Diese Erscheinung nennt man das Brechen des Leinöles. Das Leinöl enthält 10 bis 12 % Glyceride der gesättigten Fettsäuren, neben solchen der Ölsäure, Linolsäure (16 bis 25 %) und Linolensäure (40 bis 62 %).

Kaltgepreßtes Leinöl hat eine dunkelzitronengelbe Farbe, heißgepreßtes ist goldgelb bis braun. Nach Hitzebehandlung zwecks Entschleimung schlägt die Farbe in grüngelb um. Der Farbumschlag kann durch Bleichen weitgehend rückgängig gemacht werden. Der Geschmack ist durchdringend scharf, süßlich bitter, später kratzend.

Die Kennzahlen für Leinöl zeigen teilweise große Schwankungen, vor allem in der Jodzahl. Dies liegt daran, daß der Gehalt an mehrfach ungesättigten Fettsäuren in größerem Ausmaß von Umweltfaktoren abhängig ist.

Das spezifische Gewicht bei 20 °C ist 0,9270 bis 0,9310, Verseifungszahl 180 bis 196, Jodzahl 165 bis 190. Der Erstarrungspunkt liegt bei -18 bis -27 °C. Die Säurezahl ist max. 4,0. Der Anteil an Unverseifbarem beträgt 0,5 bis 1,5 %.

Das Öl wird beim Stehen an der Luft leicht ranzig. Die für die technische Verwertung wichtige Eigenschaft des Leinöls besteht in seiner Fähigkeit, an der Luft schnell zu trocknen. Dadurch ist es insbesondere für die Herstellung von Farben und Lacken sowie von Linoleum von allen Ölen bei weitem am besten geeignet. Durch den Oxidationsvorgang entsteht, wenn das Leinöl in dünner Schicht ausgestrichen wird, ein fester Film aus „Linoxyn". Einen Anhaltspunkt für die Trocknungsfähigkeit liefert die Jodzahl, die den Anteil von ungesättigten Fettsäuren angibt.

Die kaltgepreßten Sorten dienen als Speiseöl. In der Medizin wird es als Abführmittel und bei der Behandlung von Hautkrankheiten verwendet.

HANF
(Cannabis sativa L.)

Botanik

Der Hanf gehört der Ordnung der Brennesselgewächse (*Urticiflorae*) an und innerhalb dieser Ordnung der Familie der *Cannabinaceae* (Hanfgewächse). Er ist verwandt mit der Brennessel und dem Hopfen. Die Gattung *Cannabis* hat nur die Art *C. sativa*.

Der Hanf hat eine deutlich ausgeprägte Pfahlwurzel, von der im rechten Winkel zahlreiche und kräftige Seitenwurzeln abzweigen, die wiederum Nebenwurzeln besitzen.

Der oberirdische Sproß wächst bei Kultursorten und in geschlossenem Bestand eintriebig und erreicht unter zusagenden Verhältnissen eine Höhe von 2 bis 6 m. Der Stengelquerschnitt hat einen mittleren Durchmesser von 1 bis 2 cm, ist rund und besteht aus einem zentralen Hohlteil und dem die Hanffaser liefernden Bastteil.

Die Früchte werden oft fälschlicherweise als Samen bezeichnet. Sie haben eine glasigspröde Schale in grauem, schwarzgrauem oder nahezu schwarzem Farbton. Grünliche Farbe hingegen zeigt einen schlechten Reifezustand an. Sie sind 4 bis 6 mm lang, 3 mm breit und 3 bis 4 mm dick. Das Tausendkorngewicht liegt zwischen 15 und 22 g. Der Fettgehalt beträgt 28 bis 35 %. Weiters enthält der Samen rund 25 % Eiweiß, 1,5 % Glucose und 0,3 % Harz.

Entwicklung des Anbaues

Das Heimatgebiet des Hanfes ist in Südrußland und Westsibirien zu suchen, wo auch heute noch Wildformen vorkommen. Der Anbau für die Fasergewinnung wurde schon im Altertum betrieben. Die verschiedenen Verbreitungswege von Südrußland aus führten zur Ausbildung bestimmter Formenkreise, die den jeweiligen Verhältnissen angepaßt wurden.

Anbau und Ernte

Am besten gedeiht der Hanf auf gut entwässerten Niederungsmooren. Der Hanf benötigt für ein gutes Wachstum viel Wasser, verträgt aber auf keinen Fall stauende Nässe. Die besten Erträge werden im gemäßigten Klima erbracht, wobei die Jungpflanzen auch leichte Nachtfröste (bis -5 °C) überstehen.

Hanf hat die Fähigkeit, Unkraut zu verdrängen, weil er eine sehr schnelle Jugendentwicklung hat. Der Boden ist nach der Aberntung unkrautfrei und befindet sich in einem so guten Zustand, daß der Hanf als beste Vorfrucht für alle nachfolgenden Kulturen gilt.

Die Ernte des Hanfes erfolgt in zwei Etappen, da die männlichen Pflanzen früher reif werden als die weiblichen. Die Ernte der männlichen Pflanzen ergibt den Femelhanf.

Für den Samenhanfbau spielt dies aber keine Rolle. Die Bestimmung des Erntezeitpunktes ist recht schwierig, weil die Samenreife sehr ungleichmäßig vor sich geht. Auf keinen Fall darf mit der Ernte schon begonnen werden, wenn sich die ersten reifen Körner zeigen. Die Hälfte aller Körner sollte zumindestens graubraun gefärbt sein und sich aus den Hüllblättern herausdrängen. Nur so kann man qualitativ hochwertiges Saatgut ernten und nicht zur Hälfte taube Körner.

Die Reife tritt in Mitteleuropa Mitte bis Ende September ein, so daß er bis zum Herbst gut trocknen kann.

Die Samenernte erfolgt mit einem Axialmähdrescher, der die Pflanzen relativ hoch abschneidet. Die Erträge liegen zwischen 600 und 1300 kg/ha. Die Lagerung der Hanfsamen soll unter einem Wassergehalt von 8 % erfolgen.

Hanföl

Das Hanföl besteht aus 9,5 % gesättigten Fettsäuren, Ölsäure (12,6 %), Linolsäure (53 %) und Linolensäure (24,3 %). Der Anteil an Unverseifbarem liegt bei rund 1 %. Er besteht aus Sterinen und Lezithin. Bei der Verseifung mit Natronlauge entsteht eine braungelbe, feste Seife.

Das spezifische Gewicht beträgt 0,9250, die Verseifungszahl 190 bis 193. Die Jodzahl schwankt zwischen 127 und 166. Bei einer Temperatur von -15 °C wird das Hanföl trübe und erstarrt bei -22 °C zu einer weichen, bei -27 °C zu einer festen bräunlichgelben Masse.

Das Öl aus kalter Pressung ist von grünlichgelber Farbe und hat den Geschmack der Samen. Warm gepreßtes Öl ist dunkelgrün, infolge der dabei erfolgten Extraktion des Chlorophylls.

Hanföl wird meistens zur Herstellung von Seifen verwendet. Es trocknet sehr langsam und wird nur bedingt zur Farbenherstellung benutzt. In Mischung mit Leinöl liefert es brauchbare Firnisse.

Durch den hohen Anteil an ungesättigten Fettsäuren ist es ein wertvolles Speiseöl. In der Kosmetikindustrie wird es zur Herstellung von Massageölen, Salben, Cremes und Shampoos verwendet.

Hanfsamen

Die Hanfpflanze kann über 2 m hoch werden

SOJABOHNE
(Glycine hispida Max.*)*

Botanik

Die Sojabohne gehört zu den Schmetterlingsblütlern und ist in vielen Formen in Süd- und Südostasien verbreitet. Als Wildform wird *Glycine ussuriensis* angesehen, die vor allem in der Mandschurei häufig vorkommt.

Die Wurzeln der Sojabohne dringen in große Tiefen vor, so daß selbst auf sehr trockenen Böden die Wasserversorgung gewährleistet ist. Die Wurzeln sind dicht mit Knöllchen (Knöllchenbakterien) besetzt. Auf Böden, auf denen noch kein Soja angebaut wurde, muß eine Impfung mit Bakterienkulturen durchgeführt werden.

Die Wuchshöhe ist sehr verschieden, als Schwankungsbereich wird 50 bis 120 cm angesehen.

Die Hülsen sind in Form und Größe sehr verschieden. Es finden sich gerade bis säbelförmig gebogene Typen vor. Die Länge schwankt zwischen 2 und 6 cm. Die Farbe der Hülsen ist im reifen Zustand hellgelb, dunkelbraun oder auch schwarz.

Jede Hülse enthält 1 bis 6 Körner. Ihre Form ist entweder rund, rundoval oder eiförmig.

Der Nabel ist deutlich ausgeprägt. Die Größe der Samen ist nicht nur zwischen den Wild- und Kulturformen, sondern auch innerhalb jeder Gruppe verschieden. Das Tausendkorngewicht liegt zwischen 45 und 480 g. Als Kornfarbe kommt am häufigsten gelb vor. Daneben sind Sorten mit braunen, olivgrünen, grünen, schwarzen und gescheckten Samen bekannt. Der Nabel ist entweder farblos, braun oder schwarz, die Farbe der

In den Hülsen der Sojapflanze reifen die Sojabohnen heran

Keimblätter gelb oder grün. Die Bohnen enthalten ca. 40 % Eiweiß, 18 bis 25 % Rohfett, 20 bis 25 % Kohlenhydrate, 2 % Lecithin.

Die Sojabohne hat eine hohe Konzentration wichtiger Nährstoffe. Aus diesem Grund ist sie neben einer wichtigen Ölpflanze eine Futterpflanze und auch für die menschliche Ernährung sehr wertvoll. Das Eiweiß ist biologisch besonders vollwertig und zu 92 % verdaulich.

Entwicklung des Anbaues

Die Sojabohne wird in chinesischen Urkunden schon 2000 v. Chr. erwähnt. Ihr heutiges Hauptverbreitungsgebiet sind neben den USA Brasilien, Argentinien, China und Japan. Seit der Mitte des 18. Jh. wird die Sojapflanze in botanischen Gärten in Europa kultiviert. Im Mitteleuropa wurde 1878 zum ersten Mal von Prof. Haberland auf die Bedeutung der Soja als neue Kulturpflanze hingewiesen. Die größten Anbaugebiete in Europa sind in Rumänien und Italien zu finden.

Anbau und Ernte

Die Voraussetzung für einen erfolgreichen Sojabau ist vor allem eine ausreichend lange Vegetationszeit und möglichst warmes Klima im Spätsommer bzw. Herbst. Die durchschnittliche Jahresniederschlagsmenge soll etwa 450 bis 600 mm betragen.

Hinsichtlich des Bodens ist die Soja nicht sehr anspruchsvoll. Am besten gedeiht sie auf tiefgründigen sandigen Lehmböden. Am meisten sagt der Soja ein neutraler Reaktionszustand des Bodens zu.

Weil die Soja als Leguminose Stickstoff sammelt, kann eine Stickstoffdüngung völlig eingespart werden. Wenn das sehr langsame Jugendwachstum überwunden ist, bildet die Soja ein dichtes Blattwerk aus.

Die Erntereife tritt im allgemeinen Mitte bis Ende September ein. In günstigeren Lagen und bei besonders frühreifen Sorten Anfang September. Der Zeitpunkt der Ernte ist dann gekommen, wenn die Blätter gelb werden und abfallen.

Der Drusch der Sojabohne kann mit jedem Mähdrescher durchgeführt werden, wenn der Korb genügend weit gestellt ist. Die Erträge liegen zwischen 2000 und 3500 kg/ha.

Sojaöl

Das Sojaöl enthält etwa 10 % gesättigte Fettsäuren (Palmitinsäure, Stearinsäure, Arachinsäure und Lignocerinsäure). Von den ungesättigten Fettsäuren ist die Ölsäure mit ca. 26 %, die Linolsäure mit ca. 50 % und die Linolensäure mit ca. 11 % vorhanden. Die Kennzahlen für das Sojaöl sind: spezifisches Gewicht bei 15 °C 0,9220, Erstarrungspunkt -8 bis -16 °C, Säurezahl 0,4 bis 3,0, Verseifungszahl 189 bis 195, Jodzahl 124 bis 136, Unverseifbares 0,54 %.

Sojaöl ist je nach Gewinnung und Raffination gelbweiß bis braungelb. Extraktionsöle sind klar hellrotbraun bis gelblichrot. Wird Sojaöl auf 270 °C erhitzt, so scheidet es gelöste Schleimstoffe mit einem großen Teil der Farbstoffe als Gallerte aus. An der Luft trocknet es langsam, es wird deshalb zu den schwach trocknenden Ölen gerechnet. Es kommt ihm deshalb nur eine geringe anstrichtechnische Bedeutung zu, kann aber zur Herstellung von Standölen und Firnissen verwendet werden.

Es besitzt einen angenehmen Geschmack, der Geruch erinnert an frisch gebackenes Brot. Es kann als Speiseöl benutzt werden. Der größte Teil des Sojaöles wird zur Margarineherstellung benutzt, weil es sich leicht härten läßt. Weniger gute Qualitäten werden zur Seifenherstellung benutzt. Sie geben besonders gute, glatte Feinseifen.

ÖLLUPINE (WEISSE LUPINE)
(Lupinus albus L.)

Botanik

Die Weiße Lupine gehört ebenfalls zur Familie der Leguminosen.

Sie bildet eine ausgesprochene Pfahlwurzel aus, von der zahlreiche Seitenwurzeln abzweigen. Sämtliche Wurzeltriebe sind dicht mit Knöllchen, die die stickstoffsammelnden Knöllchenbakterien enthalten, besetzt.

Der oberirdische Sproß erreicht eine Höhe bis zu 1 m. Zunächst wächst die Pflanze eintriebig, nach beendeter Blüte des Haupttriebes bilden sich 3 bis 4 Nebentriebe in den obersten Blattachseln und nach deren Abblühen an jedem Trieb ein Nebentrieb zweiter Ordnung. Bei feuchter Witterung werden noch weitere Nebentriebe gebildet.

Die Hülsen sind 6 bis 11 cm lang, gelb und dicht behaart und geschnäbelt. Die Zahl der weißen bis gelblichweißen Samen je Hülse liegen zwischen 3 und 6. Die Samen haben eine ansehnliche Größe, das mittlere Tausendkorngewicht liegt bei 400 g, jedoch gibt es große Schwankungen von 220 bis 800 g. Den größten Anteil des Samens machen die mächtig entwickelten Keimblätter aus. Die Form des Samens ist bei großkörnigen Sorten fast quadratisch, bei kleinkörnigen mehr rundeiförmig. Die Farbe ist gelblichweiß bis weiß.

Der Ölgehalt schwankt zwischen 6 und 21 %. Ältere Sorten enthalten bittere Alkaloide, die sie als Grünfutter für das Vieh ungenießbar machen. Neuere Sorten enthalten nur mehr 0,01 bis 0,04 % dieser Alkaloide.

Entwicklung des Anbaues

Die Heimat der Weißen Lupine liegt im Mittelmeergebiet, wo sie heute in größerem Maßstab kultiviert wird. Im 16. und 17. Jh. wurde sie als Arzneipflanze in Hausgärten gezogen. Der Anbau der Öllupine zur Eiweiß- und Ölgewinnung erfolgte erst nach dem Ersten Weltkrieg.

Anbau und Ernte

Die Öllupine erfordert ein warmes, trockenes Klima. In feuchten Lagen bildet sie immer wieder neue Triebe und reift nicht aus. Sie gedeiht auch noch auf schwach lehmigen Sandböden. Dort reift sie sogar schneller aus, weil sie nicht so viele Seitentriebe bildet.

Die Ernte erfolgt je nach Art, Sorte und Standort zwischen Ende August und Ende September. Die Ernte erfolgt mit dem Mähdrescher, bei einer Kornfeuchte von 16 bis 18 %. Damit der Drusch schonend durchgeführt werden kann, ist die Trommeldrehzahl zu reduzieren und der Dreschkorb zu öffnen. Zur Erreichung der Lagerfähigkeit ist ein sofortiges Nachtrocknen des Erntegutes auf 12 bis 14 % Feuchtigkeit erforderlich. Die Erträge sind gut und sicher. Es werden 2500 kg/ha erzielt, unter günstigen Verhältnissen auch 4000 kg/ha.

Lupinenöl

Das Öl der Weißen Lupine besteht zu 7,9 % aus gesättigten Fettsäuren, hauptsächlich Palmitin- und Stearinsäure. Von den ungesättigten Fettsäuren sind Ölsäure zu 69 %, Linolsäure zu 20 % und Linolensäure zu 2,3 % enthalten. Die Farbe des Öles ist braun.

Das spezifische Gewicht bei 20 °C ist 0,920, der Erstarrungspunkt -9 °C, die Verseifungszahl liegt zwischen 185 und 193,0, die Jodzahl zwischen 62,0 und 83,0, der Anteil an Unverseifbarem ist ca. 1 %.

Infolge des geringen Linolsäuregehaltes ist die Jodzahl verhältnismäßig niedrig. Deshalb ist das Lupinenöl zu den nichttrocknenden Ölen zu rechnen. Lupinenöl kann für die Margarine- und Seifenherstellung verwendet werden.

MAIS
(Zea mays L.)

Botanik

Der Mais gehört zu den *Gramineen*, und zwar zum engeren Kreis der *Tripsaceen*. Er ist die einzige Art der Gattung *Zea*.

Er ist eine sehr ansehnliche Pflanze mit einem feinen, weit verzweigten und in erhebliche Tiefen eindringenden Wurzelsystem. Kurz unter der Bodenoberfläche werden kräftige Stützwurzeln ausgebildet. Der oberirdische Sproß erreicht eine Höhe bis zu 3 m.

Der weibliche Blütenstand ist ein Kolben, an dem auf einer dicken, stark verholzten Spindel die Körner in 4 bis 16 Reihen angeordnet sind. An jeder Pflanze werden je nach Sorte und Ernährungszustand 1 bis 3 Kolben ausgebildet.

Das einzelne Maiskorn besteht zum größten Teil aus dem Mehlkörper, zum kleineren aus dem Keimling. Kohlenhydrate machen den Hauptbestandteil des Mehlkörpers aus, der hohe Fettgehalt von 33 bis 36 % ist charakteristisch für den Keim.

Entwicklung des Anbaues

Der Mais ist eine Kulturpflanze der Neuen Welt. Von den Indianern wurde er schon lange vor der Ankunft der Europäer kultiviert. In Europa wurde er zuerst im 16. Jh. in Spanien

Nur die Keimlinge, die sich an der Spitze der Maiskörner befinden, werden zur Ölgewinnung verwendet

angebaut. Über Italien kam der Maisanbau nach Mitteleuropa. Auch in Ungarn und Kroatien wurde er bald die Hauptkörnerfrucht. Gegen Ende des 19. und zu Anfang des 20. Jh. ging der Maisanbau infolge der scharfen Konkurrenz von Kartoffel und Zuckerrübe stark zurück. Erst nach dem Zweiten Weltkrieg nahm er wieder einen Aufschwung.

Anbau und Ernte

Sein Hauptanspruch an den Boden ist, daß dieser warm ist. Für ein gutes Gedeihen ist sehr viel Wärme notwendig.

In der Fruchtfolge ist der Mais als Hackfrucht anzusehen. Mit sich selbst ist der Mais zwar verträglich, jedoch davon ist abzuraten, weil der Ausbreitung von Krankheiten und Schädlingen Vorschub geleistet wird.

Der Mais kann geerntet werden, wenn die Körner so fest sind, daß sie sich nicht mehr mit dem Daumennagel eindrücken lassen. Der Drusch erfolgt mit dem Mähdrescher. Nachher sollte der Mais unbedingt getrocknet werden. Die Erntemengen bewegen sich zwischen 7.000 bis 10.000 kg/ha.

Maiskeimöl

Das Maiskeimöl enthält nur rund 12 % gesättigte Fettsäuren, und zwar 7,8 % Palmitinsäure, 2,5 % Stearinsäure, 0,4 % Arachinsäure, 0,4 %Myristinsäure und 0,2 % Lignocerinsäure. Den überwiegenden Anteil stellen die ungesättigten Fettsäuren, die Linolsäure mit 41,8 % und die Ölsäure mit 36,3 %. Charakteristisch für das Maiskeimöl ist der hohe Prozentsatz an unverseifbaren Substanzen, mit bis zu 3 %, darunter zu etwa der Hälfte Lezithin. Das Maisöl ist auch reich an Vitaminen und Provitaminen. Die Kennzahlen von Maisöl sind: spezifisches Gewicht bei 15 °C 0,9232 bis 09250, Jodzahl 109 bis 133, Verseifungszahl 187 bis 196. Das Maisöl ist zu den halbtrocknenden Ölen zu rechnen. Es trocknet in 30 Stunden bei 45 °C zu einer bräunlichen Haut.

Extrahiertes Öl ist rötlich, gepreßtes goldgelb. Rohöl neigt zu schneller Zersetzung und muß sofort raffiniert werden. Die Verwendung des Maisöles ist vielseitig. Raffinierte Öle werden zu Speisezwecken benutzt, wobei der Gehalt an Vitaminen von besonderer Wichtigkeit ist. Es wird auch zur Herstellung von Margarine und Mayonnaise verwendet.

Bei der Verseifung ergeben sich gute Schmierseifen, auch zur Herstellung von Hartseifen kann es herangezogen werden, ebenso für Haarpflegemittel. Weiters wird es für die Herstellung von Schmierstoffen und Lederpflegemitteln verwendet. In Form von Standölen, die durch Erhitzung hergestellt werden, kann es auch in der Anstrichtechnik verwendet werden.

WALNUSS
(Juglans regia L.*)*

Botanik

Die Walnuß gehört zur Familie der *Juglandaceen* mit 6 Gattungen und etwa 43 Arten. Die wichtigsten Arten neben *J. regia* sind *J. cinerea* (Butternuß) und *J. nigra* (Schwarznuß).

Der Walnußbaum bildet in der Regel einen Stamm von 10 bis 25 m Höhe. Die Rinde ist glatt und hellgraubraun, erst im Alter wird sie rissig. Die Krone ist breit und lockerästig.

Die Größe der Nüsse ist sehr verschieden. Der eigentliche Nußkern ist 2 bis 4-lappig und vielfach gefaltet. Er wird von einem sich zunächst leichtablösenden Häutchen und schließlich von der runzeligen zweiteiligen Schale umgeben. Die Dicke der Steinsschale schwankt sehr.

Entwicklung des Anbaues

Der Walnußbaum war schon vor der Eiszeit in Europa vertreten. Durch den Eiseinbruch wurde er nach Süden bis Vorderasien zurückgedrängt. Von dort aus ist er wieder nach Mitteleuropa zurückgekehrt. Um die Zeitwende wurde er von den Römern nach Germanien eingeführt, und auch Karl der Große erließ Anordnungen für die Kultivierung des Walnußbaumes. In den folgenden Jahrhunderten war das Nußöl ein wertvoller Handelsartikel.

Walnußöl

Der Ölgehalt der Walnußkerne beträgt 50 bis 65 %. Das Walnußöl besteht aus 15,1 % gesättigten Fettsäuren, vor allem aus Stearin- und Palmitinsäure. An ungesättigten Fettsäuren sind Linolsäure (44,1 %), Ölsäure (30,0 %) und Linolensäure (10,8 %) zu finden.

Die Kennzahlen sind: spezifisches Gewicht bei 15 °C 0,9250 bis 0,9265, Erstarrungspunkt -28 °C, Säurezahl bis 8, Verseifungszahl 186 bis 197, Jodzahl 141 bis 153.

Aufgrund des hohen Linolsäuregehaltes liegt die Jodzahl sehr hoch. Das Walnußöl steht in seiner Trocknungsfähigkeit zwischen Leinöl und Mohnöl. In der Eigen-

Schnitt durch eine unreife Walnuß

schaft des Ölfilmes, bei 118 °C zu schmelzen, steht es dem Mohnöl näher. Wird aber aus dem Öl durch Kochen ein Standöl hergestellt, so ähnelt es mehr dem Leinöl.

Walnußöl aus Kaltpressung ist klar und von gelber Farbe und besitzt einen angenehmen Geschmack und Geruch. Es wird aber sehr leicht ranzig.

Kaltgepreßtes Öl wird für Speisezwecke verwendet, weiters für Salben, Cremes und zur Seifenherstellung. In der Technik findet es Verwendung als Grundstoff für Künstlermalfarben.

HASELNUSS
(*Corylus avellana* L.)

Botanik

Die Haselnuß gehört zu der Familie der *Betulaceen* oder Birkengewächse. Sie ist also mit der Birke, Erle und Hainbuche verwandt. Die Gattung *Corylus* umfaßt 8 Arten.

Die Haselnuß ist im allgemeinen ein strauchartiges Gewächs, das eine Höhe bis zu 7 m erreicht.

Die eigentliche Frucht, die Nuß, sitzt in einem Fruchtbecher. Die Form der Nüsse ist je nach Sorte verschieden. Im allgemeinen ist sie aber breitrund, meist spitz und zweikantig. Die Länge der Nuß beträgt im Mittel 1,5 bis 2 cm. Häufig sitzen mehrere Fruchtbecher an einem Stiel zusammen und verwachsen teilweise miteinander. Der Samen wird von einer harten Steinschale umgeben.

Haselnußöl

Das in den Kernen zu 50 bis 60 % enthaltene Öl besteht aus 90 % Ölsäure, 3 % Palmitinsäure, 3 % Linolsäure, 1,7 % Stearinsäure und 0,2 % Myristinsäure.

Die Kennzahlen sind: spezifisches Gewicht bei 15 °C 0,913 bis 0,923, Erstarrungspunkt -20 °C, Verseifungszahl 187 bis 192 und Jodzahl 84 bis 90. Der Anteil an Unverseifbarem liegt bei 0,5 %.

Es ist ein hellgelbes, klares und geruchloses Öl. Im Geschmack gleicht es dem Mandelöl. Es findet vor allem Verwendung als Speiseöl, weiters auch als Zusatz zu Schokolade und in der Parfümerie. Heißgepreßtes Öl kann zur Seifenherstellung verwendet werden.

MANDELBAUM
(*Prunus amygdalus; Prunus dulcis*)

Botanik

Der Mandelbaum gehört zur Familie der Rosengewächse (*Rosaceae*) und umfaßt etwa 25 Arten.

Er ist ein mittelhoher Baum oder Strauch mit schwach rötlich gefärbten Zweigen und relativ schwacher Wurzelausbildung. Die Früchte reifen im Herbst. Sie sind eiförmig und etwas zusammengedrückt, bis 4,6 cm lang und 3,5 cm dick, graugrün und filzig-samtig behaart. Das ledrige, zähe Fruchtfleisch platzt bei voller Reife auf. Meistens ist ein Fruchtkern enthalten. Der Samen ist zimtbraun und abgeplattet, ca. 2 cm lang und 1,5 cm breit. Er enthält 40 bis 60 % Öl.

Mandelöl

Nach dem Pressen wird das Öl einige Tage stehengelassen, damit sich die schleimigen Bestandteile absetzen. Es ist ein hellgelbes, geruchloses, mildschmeckendes Öl. Es gehört zu den nichttrocknenden Ölen. Die Hauptbestandteile sind Ölsäure 77 % und Linolsäure 20 %. Das spezifische Gewicht beträgt 0,917, Verseifungszahl 183 bis 207, Jodzahl 85 bis 106. Der Anteil an Unverseifbarem ist bis zu 1,5 %.

NACHTKERZE
(Oenothera biennis L.)

Botanik

Die Gemeine Nachtkerze gehört zur Familie der *Oenotheraceae* mit etwa 500 Arten. Die Wurzel ist spindelförmig, oft einfach verzweigt und bis zu 20 cm lang und 5 cm dick. Der Stengel steht aufrecht und ist meistens nur im oberen Drittel verzweigt. Er ist nach oben hin kantig und mit kurzen Drüsenhaaren besetzt. Die Samenkapseln sind langgestreckt und bis 3 cm lang, vierkantig flaumig bis zottig behaart und zur Reife hin offen. Deshalb können die Samen leicht ausfallen. Es sind etwa 200 bis 250 Samen in der Kapsel enthalten. Die Samen sind unregelmäßig geformt und ca. 1,5 mm lang mit 3 bis 5 scharfen Seitenkanten. Die Farbe ist dunkelbraun bis schwarzbraun. Das Tausendkorngewicht beträgt 0,45 bis 0,65 g. Die Samen enthalten 15 bis 30 % Öl.

Entwicklung des Anbaues

Die Heimat der Nachtkerze liegt in Nordamerika, die Pflanze wurde Anfang des 17. Jh. nach England eingeschleppt. Von dort aus hat sie sich über ganz Europa als Wildpflanze verbreitet. Sie ist sehr robust und anpassungsfähig. Anfang des 18. Jh. entdeckte man sie als Küchenpflanze. Verwendung fanden in erster Linie die Wurzeln.

Nachtkerzenöl

Das Nachtkerzenöl ist goldgelb und klar. Die Zusammensetzung ist 27 % α-Linolsäure, 30 % β-Linolsäure, 8 % γ-Linolensäure, 24 % Ölsäure. Es ist eines der wenigen Öle mit einem so hohen Anteil an γ-Linolensäure. Die Kennzahlen sind: spezifisches Gewicht bei 15 °C 0,928 bis 0,932, Erstarrungspunkt -10 °C, Verseifungszahl 187 bis 196, Jodzahl 147 bis 152. Der Anteil an Unverseifbarem liegt bei ca. 2,0 %. Das Öl wird als diätisches Lebensmittel eingesetzt und in der Medizin bei Haut-, Herz- und Kreislaufbeschwerden verwendet.

ÖLZIEST
(Lallemantia iberica Fisch et May)

Botanik

Lallemantia gehört zur Familie der Labiaten. Sie ist eine einjährige, stark verzweigte Pflanze mit einer Wuchshöhe bis 100 cm. Sie besitzt ein tiefgehendes Wurzelsystem. Die Frucht hat Ähnlichkeit mit der der Sonnenblume, ist aber dreikantig. Die Länge der Früchte beträgt 5 mm, die Breite 2,0 mm und die Dicke 1,5 mm. Das Tausendkorngewicht liegt bei 4,8 bis 5,0 g. Die Farbe der Samen ist braun bis schwarzbraun mit einem weißen, spitzwinkeligen Nabel. Die Oberfläche der Samen ist fein punktiert. Der Ernteertrag liegt zwischen 500 und 1300 kg/ha. Der Ölgehalt beträgt zwischen 24 und 38 %.

Ziestöl

Die sehr kleinen Samen der Nachtkerze reifen in Kapseln

Das durch Pressen gewonnene Öl ist dickflüssig und von goldgelber Farbe. Der Geschmack ist anfangs etwas kratzig, später leinölähnlich. Das Öl erstarrt bei -35 °C, die Verseifungszahl ist 181, die Jodzahl 162. Es gehört zu den trocknenden Ölen und besteht aus einem hohen Anteil von Linolsäure (55 %), weiters Linolensäure (29 %) und Ölsäure (5 %). Das Öl wird neben Speisezwecken als Brennöl und für die Firnis- und Lackherstellung verwendet.

PERILLA
(Perilla ocymoides L.)

Botanik

Die Perilla gehört zur Familie der Labiaten. Die Staude ist einjährig und bis zu 1 m hoch. Sie bildet eine tiefgehende, verzweigte Pfahlwurzel und ist von der Basis her stark verzweigt. Die Samen kommen in den oben offenen Kapseln zur Ausbildung und können dadurch leicht ausfallen. Das Tausendkorngewicht liegt bei 2,8 g. Der Ölgehalt der Samen liegt zwischen 35 bis 46 %.

Perillaöl

Das hellgelbe Öl besteht zu 80 % aus Linolen- und Linolsäure und 14 % Ölsäure. Die Verseifungszahl ist 187 bis 197, die Jodzahl 181 bis 206. Es hat die höchste bekannte Jodzahl und trocknet daher auch schneller als Leinöl. In Japan wird es vor allem als Lack bei der Herstellung der Sonnenschirme aus Papier verwendet. Es hat einen angenehmen Geschmack und Geruch und wird daher auch als Speiseöl verwendet

NIGERSAAT/GUIZOTIA/NUG
(Guizotia abyssinica Cass.)

Botanik

Die in Abessinien beheimatete einjährige Pflanze wird bis zu 2 m hoch und ist stark verzweigt. Der untere Teil des Stengels ist fast kahl, der obere klebrig-rauh. Die Früchte haben eine dünne Fruchtschale, sind schwarz, auch braun, glänzend, etwas kantig, spitz zulaufend und bis 5 mm lang und 1,5 mm dick. Das Tausendkorngewicht beträgt 2 bis 3 g, der Ölgehalt 35 bis 45 %.

Nigeröl (Ramtillenöl)

Das Öl ist von hellgelber Farbe und hat einen nußartigen Geschmack und Geruch. Der Hauptanteil des Öles besteht aus Linolensäure (54 %) und Ölsäure (31 %). Das spezifische Gewicht bei 15 °C ist 0,923 bis 0,926, der Erstarrungspunkt liegt bei -15 °C, Verseifungszahl 188 bis 198, Jodzahl 126 bis 146. Bei höherer Temperatur erfolgt eine schnelle Trocknung. Wird als Speiseöl und zur Seifenherstellung verwendet.

SAMMELFRÜCHTE

ROTBUCHE
(Fagus silvatica L.)

Bucheckernöl

Der Ölgehalt der Samen beträgt 35 bis 40 %. Das Öl wird durch Pressen gewonnen, nachdem die leichten, tauben Früchte entfernt wurden. Ein qualitativ besseres Öl erhält man, wenn die Bucheckern vor der Pressung geschält werden. Eine geringe Erwärmung schadet der Ölqualität nicht. Das Bucheckernöl besteht zum größten Teil aus ungesättigten Fettsäuren, Ölsäure (81 %), Linolsäure (9,6 %), Linolensäure (0,4 %), weiters sind noch Palmitinsäure (5,2 %) und Stearinsäure (3,6 %) enthalten. Der Anteil an Unverseifbarem ist etwa 1 %.

Infolge des Vorkommens von Linolsäure und Linolensäure steigt die Jodzahl bis 120, so daß es zu den mäßig trocknenden Ölen zu zählen ist.

Bucheckernöl ist hellgelb, geruchlos und hat einen angenehmen Geschmack, so daß es ein sehr gutes Speiseöl ist. Die Kennzahlen sind: spezifisches Gewicht bei 15 °C 0,9220 bis 0,9225, Erstarrungspunkt -17 °C, Verseifungszahl 181 bis 196, Jodzahl 101 bis 120.

Neben dem Einsatz als Speiseöl wird es in der Margarineherstellung und in der Seifenindustrie verwendet.

Weitere Laubbäume

Laubbaum	Ölgehalt	Kennzahlen
Eiche *(Quercus robur L. und Quercus sexiliflora Salisb.)*	3 bis 4 %, Sumpfeiche 13 %, Ölsäure 58 %, Linolsäure 27 %, feste Fettsäuren (14,5 %)	
Roßkastanie *(Aesculus hippocastanum L.)*	6 %, hellgelbes Öl Ölsäure (67 %), Linolensäure (2,2 %), Linolsäure (22,7 %), Stearinsäure (3,6 %), Palmitinsäure (4,4 %)	Spez. Gewicht: 0,9260 Verseifungszahl: 195 Jodzahl: 95 bis 99 Unverseifbares: 2,5 %
Linde *(Tilia cordata Mill u. Tilia platyphyllos)*	28 %, zitronengelbes Öl	Spez. Gewicht: 0,9430 Verseifungszahl: 181 bis 195 Jodzahl: 102 bis 126 Unverseifbares: 1,5 %
Ulme *(Ulmus campestris L. und U. montana With. und U. effusa Willd.)*	9 bis 14 % Caprin-, Butter-, Ölsäure	Verseifungszahl: 273 bis 280 Jodzahl: 16 bis 32 Unverseifbares: 1,2 % Erstarrungspunkt: -3,5 °C

Laubbaum	Ölgehalt	Kennzahlen
Ahorn (*Acer pseudoplatanus* L. (Bergahorn); *A. platanoides* L. (Spitzahorn); *A. campestre* L. (Feldahorn))	Bergahorn 13 % Spitzahorn 19 % Feldahorn 29 %	
Esche (*Fraxinus excelsior* L.)	26,6 %	
Eberesche (*Sorbus aucuparia* L.)	22 %, gelblichbraunes Öl	
Robinie (*Robinia pseudacacia* L.)	10 bis 13 % Stearin-, Eruca-, Öl-, Linol- und Linolensäure	
Birke (*Betula alba* L.)	28 bis 40 %	

Nadelbäume

Nadelbaum	Ölgehalt	Kennzahlen
Fichte (*Picea excelsa* Link.)	35 %, goldgelbes Öl Linolsäure (49,3 %), Ölsäure (42,4 %), Linolensäure (7,6 %), Palmitinsäure (0,7 %),	Spez. Gewicht: 0,9215 bis 0,9288 Verseifungszahl: 191 bis 193 Jodzahl: 150 bis 170 Unverseifbares: 1,0 % Erstarrungspunkt: -27 °C
Kiefer (*Pinus sylvestris* L.)	25 bis 30 %, braungelbes Öl Linolsäure (57,9 %), Linolensäure (25,4 %), Ölsäure (9,5 %), Palmitinsäure (4,3 %), Stearinsäure (3,1 %)	Verseifungszahl: 194 Jodzahl: 184 Unverseifbares: 1,2 % Erstarrungspunkt: -30 °C
Lärche (*Larix europaea* D.C.)	10 bis 11 %	
Weißtanne (*Abies alba* Mill)	26 %	
Zirbelkiefer (*Pinus cembra* L.)	56 % Linol- und Linolensäure (zusammen ca. 87 %)	

STRÄUCHER

WILDROSE
(Rosa sp.)

Die Früchte der Wildrose spielen als Hagebutten eine große Rolle in der menschlichen Ernährung. Für alle Zwecke müssen jedoch die von feinen Härchen umgebenen Samen entfernt werden, die für die Ölgewinnung verwendbar sind. Von den zahlreichen Arten kommen vor allem *Rosa canina* L., *Rosa villosa* subsp. *pomifera*, *R. arvensis* und *R. rugosa* in Frage.

Die Hagebuttenkerne enthalten 8 bis 10 % Öl, das durch Extraktion gewonnen werden kann. Es ist ein dünnflüssiges Öl von hellgelber Farbe. Es besteht vor allem aus ungesättigten Fettsäuren, nämlich Linolsäure (56,7 %), Ölsäure (29,3%), Linolensäure (9,4 %) und gesättigten Fettsäuren von 4,5 %. Mit einer Jodzahl von 152 bis 169 gehört es zu den trocknenden Ölen, die Verseifungszahl ist 189. Der Anteil an Unverseifbarem liegt bei ca. 2,2%.

HOLUNDER
(Sambucus racemosa L. und *Sambucus nigra* L.)

Die Holunderbeeren werden vielfach in der Lebensmittelindustrie eingesetzt. Als Rückstand bleiben die Schalen und Samen. Diese enthalten 25 % Öl, das von goldgelber Farbe und geruchlos ist. Es setzt sich aus Ölsäure 56 %, Linolsäure 32 %, Linolensäure 10 % und 22 % festen Fettsäuren zusammen. Die Jodzahl beträgt 117,0; es trocknet sehr leicht. Das Samenöl kann als Brat- und Backöl sowie für technische Zwecke verwendet werden.

Linde

Zirbe

Eberesche

Die Hagebutten der Wildrose

ÖLGEWINNUNG ALS NEBENNUTZUNG

SPARGEL
(Asparagus officinalis)

Als Nebennutzung des Spargelbaues können die Spargelbeeren der Ölgewinnung zugeführt werden. Die roten kugeligen Spargelfrüchte enthalten drei Samen von kugelig-ovaler Form mit dem Ausmaß 4,5 x 3,5 x 2,5 mm. Das Tausendkorngewicht ist 18,5 g. Der Ölgehalt liegt bei ca. 15 % und besteht aus Palmitin-, Stearin-, Öl-, Linolen- und Linolsäure. Infolge des hohen Linolen- und Linolsäuregehaltes ist es trocknend. Die Jodzahl ist 137 bis 140, die Verseifungszahl 194. Das Öl wird durch Extraktion gewonnen und hat eine gelbliche Farbe.

WEINREBE
(Vitis vinifera L.)

Traubenkernöl

Der Ölgehalt der Kerne liegt zwischen 10 und 21 %. Die Gewinnung des Öles erfolgt durch kalte Pressung. Meistens wird aber die Extraktion angewandt. Die Hauptbestandteile des Öles sind Linolsäure (42 %), Ölsäure (32 %), Stearinsäure (3 %) und Palmitinsäure (4 %). Die Zusammensetzungen gehen aber weit auseinander. Die Jodzahl schwankt zwischen 94 und 160. Die Trocknung erfolgt ziemlich schnell. Die Säurezahl des Öles schwankt in noch höherem Ausmaß als die Jodzahl, die Verseifungszahl ebenfalls von 191 bis 206. Das spezifische Gewicht bei 15 °C ist 0,910 bis 0,956.

Kaltgepreßtes Traubenkernöl hat eine helle Farbe und einen angenehmen Geschmack. Bei Warmpressung wird das Öl olivgrün und nimmt einen brenzligen, unangenehmen Geschmack an. Extrahiertes und raffiniertes Öl entspricht in seinen Eigenschaften dem kaltgepreßten. Traubenkernöl guter Qualität wird als Speiseöl und Salbengrundlage verwendet, schlechtere Qualität zur Seifen- und Firnisherstellung sowie für industrielle Zwecke.

TABAK
(Nicotiana tabacum L.)

Tabaksamenöl

Der Ölgehalt des Tabaksamens schwankt je nach Sorte und Herkunft zwischen 33 und 45 %. Die Hauptbestandteile des Öles sind Linolsäure (55 bis 75 %), Ölsäure (15 bis 30 %) und 5 bis 15 % gesättigte Fettsäuren (Palmitin-, Laurinsäure). Das spezifische Gewicht bei 15 °C ist 0,922 bis 0,925, die Verseifungszahl 186 bis 201, die Jodzahl 117 bis 147. Der Anteil an Unverseifbarem liegt bei 3 %.

Tabaksamenöl hat je nach dem Grad der Erwärmung vor der Pressung eine hellgelbe bis braune Farbe. Der Geschmack ist zunächst stark bitter, läßt sich aber durch Raffination gänzlich beseitigen.

Raffiniertes Öl kann für Speisezwecke verwendet werden. Infolge des hohen Linolsäuregehaltes trocknet es schnell zu einem nichtklebrigen Film. In dieser Hinsicht steht es dem Leinöl nur wenig nach. Es kann zur Firnisherstellung oder zur Härtung von Seifen verwendet werden.

TOMATE
(Solanum lycopersicum L.)

Tomatenkernöl

Das Öl ist in den Samen zu 24 bis 30 % enthalten. Die Zusammensetzung des Öles besteht aus 45 bis 65 % Linolsäure, 12 bis 20 % Ölsäure und 15 bis 30 % gesättigte Fettsäuren (Stearin-, Palmitinsäure). Das spezifische Gewicht bei 15 °C beträgt 0,920 bis 0,924, die Verseifungszahl 183 bis 196, die Jodzahl 107 bis 125. Der Anteil an Unverseifbarem ist 2,6 %.

Bei kalter Pressung entsteht ein orangefarbenes Öl, das ohne weiters als Speiseöl zu verwenden ist. Infolge des hohen Gehalt an ungesättigten Fettsäuren ist es für die Farbenindustrie interessant.

Obstarten

Obstart	Ölgehalt	Kennzahlen
Apfel *(Malus communis* L.)	22 bis 32 %	Spez. Gewicht: 0,9016 Verseifungszahl: 190 Jodzahl: 120 Unverseifbares: 1,2 %
Birne *(Pyrus communis* L.)	20 bis 36 % Linolsäure, Palmitinsäure, Laurinsäure	Spez. Gewicht: 0,9168 Verseifungszahl: 180 Jodzahl: 109 Unverseifbares: 1,7 %
Quitte *(Cydonia oblonga* Mill.)	14 bis 15 % Ölsäure, Linolsäure, Linolensäure (zusammen 80 %)	Spez. Gewicht: 0,922 Verseifungszahl: 181 bis 195 Jodzahl: 110 bis 120 Unverseifbares: 1,3 %
Kirsche *(Prunus cerasus* L.)	7 bis 30 % Linolsäure, Ölsäure (zusammen 89 %)	Spez. Gewicht: 0,924 Verseifungszahl: 190 bis 198 Jodzahl: 110 bis 116 Unverseifbares: 0,7 %
Pfirsich *(Prunus persica* L.)	40 bis 48 % Ölsäure, Linolsäure (zusammen ca. 80 %)	Spez. Gewicht: 0,918 Verseifungszahl: 191 bis 198 Jodzahl: 92 bis 110 Unverseifbares: 1,5% Säurezahl: < 8

Obstart	Ölgehalt	Kennzahlen
Pflaume (*Prunus domestica* L.)	31 bis 42 % Ölsäure, Linolsäure (zusammen ca. 90 %)	Spez. Gewicht: 0,915 Verseifungszahl: 188 bis 199 Jodzahl: 91 bis 121
Aprikose (Marille) (*Prunus armeniaca* L.)	39 % Ölsäure, Linolsäure (zusammen ca. 80 %)	Spez. Gewicht: 0,915 Verseifungszahl: 188 bis 198 Jodzahl: 96 bis 109 Unverseifbares: 0,9%

Getreidearten

Getreideart	Ölgehalt	Kennzahlen
Hafer (*Avena sativa* L.)	5,3 bis 7,2 % Ölsäure, Linolsäure (zusammen ca. 89 %) hellgelbes Öl	Verseifungszahl: 180 bis 195 Jodzahl: 105 bis 114 Unverseifbares: 2,0 %
Weizen (*Triticum sativum* L.)	5,3 bis 7,2 % Ölsäure, Linolsäure, Linolensäure (zusammen ca. 85 %) hellgelbes Öl	Spez. Gewicht: 0,929 Verseifungszahl: 179 bis 190 Jodzahl: 115 bis 129 Unverseifbares: 4,1 %
Roggen (*Secale cereale* L.)	8,0 bis 11,0 % Ölsäure, Linolsäure, Linolensäure (zusammen ca. 85 %) gelbbraunes Öl	Spez. Gewicht: 0,9334 Verseifungszahl: 173 bis 180 Jodzahl: 82 bis 140 Unverseifbares: 6,1 %
Gerste (*Hordeum sativum* Jess.)	8,0 bis 10,0 % Ölsäure, Linolsäure, Linolensäure (zusammen ca. 83 %)	Spez. Gewicht: 0,9474 Verseifungszahl: 181 bis 185 Jodzahl: 105 bis 115
Reis (*Oryza sativa* L.)	8,0 bis 15,0 % Ölsäure, Linolsäure, Linolensäure (zusammen ca. 85%)	Spez. Gewicht: 0,9190 Verseifungszahl: 181 bis 194 Jodzahl: 89 bis 108 Unverseifbares: 3 %
Rispenhirse (*Panicum miliaceum*)	8,0 bis 10,0 % Ölsäure, Linolsäure, Linolensäure (zusammen ca. 88 %)	Spez. Gewicht: 0,9290 Verseifungszahl: 170 bis 194 Jodzahl: 120 bis 136
Triticale (*Tritioxcale* Wittmack)	6,0 bis 10,0 % Ölsäure, Linolsäure, Linolensäure (zusammen ca. 85%)	

Getreideart	Ölgehalt	Kennzahlen
Kolbenhirse (*Setaria italica* L. Beauv.)	8,0 bis 10,0 % Ölsäure, Linolsäure, Linolensäure (zusammen ca. 85%)	
Perlhirse (*Pennisetum americanum* L. Lecke)	10,0 bis 12,0 % Ölsäure, Linolsäure, Linolensäure (zusammen ca. 66 %)	
Buchweizen (*Fagopyrum esculentum* L. Moench)	8,0 bis 9,0 % Ölsäure, Linolsäure, Linolensäure (zusammen ca. 65 %)	

Samen von sonstigen Kulturpflanzen

Kulturpflanze	Ölgehalt	Kennzahlen
Gartenkresse (*Lepidium sativum* L.)	25 % rotgelbes Öl, halbtrocknend	Verseifungszahl: 178 bis 187 Jodzahl: 108 bis 134 Unverseifbares: 1,2 %
Rettich und Radieschen (*Raphanus sativus* L.)	40 %	
Goldlack (*Cheiranthus cheiri* L.)	25 % Linolsäure, Ölsäure, Linolensäure (zusammen ca. 58 %), Erucasäure 39 %	
Brunnenkresse (*Nasturtium officinale* R.)	24 %	Verseifungszahl: 171 Jodzahl: 99 Unverseifbares: 1,1 %
Petersilie (*Petroselinum sativum* Hoffm.)	20 bis 24 % Petroselinsäure 76 % rötlichbraunes Öl	Verseifungszahl: 170 bis 177 Jodzahl: 109 Unverseifbares: 2,2 %
Wassermelone (*Citrullus vulgaris* Schrad.)	13 bis 45 % Linolsäure, Ölsäure, (zusammen ca. 85 %) halbtrocknendes Öl	Jodzahl: 124
Gurke (*Cucumis sativus* L.)	25 % Linolsäure, Ölsäure, (zusammen ca. 81 %)	

Kulturpflanze	Ölgehalt	Kennzahlen
Echte Melone *(Cucumis melo* L.)	25 bis 30 % Linolsäure, Ölsäure, (zusammen ca. 84 %)	
Gemeiner Meerkohl *(Crambe maritima* L.)	40 %	
Erdnuß *(Arachis hypogaea* L.)	42 bis 50 % 56 % Ölsäure, 26 % Linolsäure	Spez. Gewicht: 0,912 Verseifungszahl: 184 bis 195 Jodzahl: 73 bis 107
Sesam *(Sesamum indicum* L.)	50 bis 53 % 50 % Ölsäure, 38 % Linolsäure hellgelbes, halbtrocknendes Öl	Spez. Gewicht: 0,915 bis 0,926 Verseifungszahl: 187 bis 199 Jodzahl: 100 bis 120 Unverseifbares: 1,8 %
Sellerie *(Apium graveolens* L.)	12 bis 16 % 51 % Petroselinsäure, 25 % Ölsäure, 20 % Linolsäure	Verseifungszahl: 178 Jodzahl: 95 Erstarrungspunkt: -12 °C
Karotte (Möhre) *(Daucus carota* L.)	16 bis 18 % 58 % Petroselinsäure, 15 % Ölsäure 23 % Linolsäure	Verseifungszahl: 179 Jodzahl: 105 Unverseifbares: 1,5 % Erstarrungspunkt: -6 °C

Samen von Heil- und Gewürzpflanzen

Heil-, Gewürzpflanze	Ölgehalt	Kennzahlen
Nachtviole *(Hesperis matronalis* L.)	25 bis 30 % grünlichgelbes bis braunes Öl	
Basilikum *(Ocimum basilicum* L.)	18 bis 20 %	Jodzahl: 166
Salbei *(Salvia officinalis* L.)	28 bis 35 %	
Anis *(Pimpinella anisum* L.)	8 bis 12 % 70 % Petroselinsäure grüngelbliches, trocknendes Öl	Verseifungszahl: 178 Jodzahl: 109 Unverseifbares: 1,0 %
Kümmel *(Carum carvi* L.)	16 bis 20 % trocknendes Öl	Verseifungszahl: 178 Jodzahl: 129 Unverseifbares: 2,7 %

Heil-, Gewürzpflanze	Ölgehalt	Kennzahlen
Koriander (*Coriandrum sativum* L.)	18 bis 22 % 53 % Petroselinsäure, 32 % Ölsäure	Verseifungszahl: 177 Jodzahl: 109 Unverseifbares: 1,1 %
Fenchel (*Foeniculum vulgare* Mill.)	10 bis 12 % 60 % Petroselinsäure, 20 % Ölsäure, 12 % Linolsäure	Verseifungszahl: 181 Jodzahl: 99
Dill (*Anethum graveolens* L.)	16 bis 20 % 80 % Petroselinsäure, 10 % Ölsäure, 5 % Linolsäure	Verseifungszahl: 176 Jodzahl: 119 Unverseifbares: 1,1 %
Bibernell (*Pimpinella sanguisorba* L.)	28 %	Jodzahl: 108
Lavendel (*Lavandula vera* D.C.)	30 %	
Geißklee (*Galega officinalis* L.)	4 bis 18 %	
Tollkirsche (*Atropa belladonna* L.)	34 %	Jodzahl: 127
Stechapfel (*Datura stramonium* L.)	17 bis 25 % 62 % Ölsäure, 15 % Linolsäure, 3 % Margarinsäure	
Bilsenkraut (*Hyoscyamus alba* L. und *H. niger* L.)	20 bis 35 %	Jodzahl: 130
Trollblume (*Trollius europaeus* L.)	20 bis 25 %	Jodzahl: 142
Hirtentäschelkraut (*Capsella bursa pastoris* Murch.)	20 bis 36 %	Jodzahl: 133 bis 139
Hederich (*Raphanus raphanistrum* L.)	24 bis 40 %	
Hellerkraut (*Thlaspi arvense* L.)	30 bis 34% 38 % Eicosensäure, 38 % Linolensäure, 14 % Ölsäure, 10 % Steridonsäure	

Kümmel

Koriander

Fenchel

Anis

Lavendel

Drachenkopf

Heil-, Gewürzpflanze	Ölgehalt	Kennzahlen
Stockrose (*Althaea rosae* Cav.)	12 bis 16 % dem Leinöl ähnlich	Jodzahl: 116
Malve (*Malva sylvestris* L.)	16 %	Jodzahl: 111
Weidenröschen (*Epilobium angustifolium* L.)	40 %	
Türkische Melisse (*Dracocephalum moldavica* Morr.)	20 %	Jodzahl: 173
Zaunrübe (*Bryonia dioica* Jacqu.)	20 bis 30 %	Jodzahl: 118
Ringelblume (*Calendula officinalis* L.)	18 bis 20 %	
Felddistel (*Cirsium arvense* L.)	20 bis 30 % 70 % Ölsäure, 20 % Linolsäure	
Kornblume (*Centaurea cyanus* L.)	26 bis 30 %	Jodzahl: 127
Benedikte (*Cnicus benedictus* Gärtn.)	24 bis 28 % 72 % Ölsäure, 24 % Linolsäure	
Wasserdost (*Eupatorium cannabinum* L.)	22 bis 28 %	
Sudanlattich (*Lactuca scarriola* L. var. *oleifera*)	40 bis 44 %	Jodzahl: 125 bis 136
Iberischer Drachenkopf (*Dracocephalum ibericum*)	24 bis 40 %	
Pfingstrosen (*Päonia*-Arten)	25 bis 30 %	
Weißer Ackerkohl (*Conringia orientalis* L.)	25 bis 35 %	
Kreuzblättrige Wolfsmilch (*Euphorbia lathyris* L.)	40 bis 50 % 90 % Ölsäure	
Silberblatt (*Lunaria annua* L.)	30 bis 40 % 48 % Erucasäure, 25 % Nervonsäure	

Heil-, Gewürzpflanze	Ölgehalt	Kennzahlen
Mariendistel (*Silybum marianum* L.)	25 bis 35 % 70 % Linolsäure, 20 % Ölsäure	
Spitzklette (*Xanthium strumarium* L.)	38 bis 42 % 62 % Linolsäure, 27 % Ölsäure	Jodzahl: 131 bis 140
Wermut (*Artemisia absinthium* L.)	30 bis 34 % 42 % Linolsäure, 20 % Dimorphecolsäure, 9 % Artemisolsäure	
Höckerblume (*Cuphea adana.* Spec.)	17 bis 42 %	
Kapuzinerkresse (*Tropaeolum majus* L.)	7 bis 8 % 65 % Erucasäure, 15 % Eicosensäure, 10 % Ölsäure	
Efeu (*Hedera helix* L.)	62 % Petroselinsäure, 20 % Ölsäure	Verseifungszahl: 181 Jodzahl: 102 Unverseifbares: bis 6,6 %
Kerbel (*Anthriscus cerefolium* L. Hoffm.)	41 % Petroselinsäure, 54 % Linolsäure	Verseifungszahl: 183 Jodzahl: 110 Unverseifbares: bis 1,5 %
Preiselbeere (*Vaccinium vitis-idaea* L.)	30 % 52 % Linolsäure, 26 % Linolensäure, 18 % Ölsäure	Verseifungszahl: 190 Jodzahl: 118 bis 125 Unverseifbares: bis 2 %

Samen von Faserpflanzen

Faserpflanze	Ölgehalt	Kennzahlen
Brennessel-Arten (*Urtica*-Arten)	22 bis 33 % Linolsäure, Ölsäure, Linolensäure (zusammen ca. 88 %) grünlichgelbes bis grünes Öl	Jodzahl: 151
Seidenpflanze (*Asclepias cornuti* D.C.)	20 bis 25 % Linolsäure, Ölsäure (zusammen ca. 80 %)	Jodzahl: 124
Ölmalve (*Abutilon avicenae* Gärtn.)	16 bis 22 %	Jodzahl: 122

Faserpflanze	Ölgehalt	Kennzahlen
Malve (*Malva melucea* Graebe)	15 bis 21 %	Jodzahl: 111
Baumwolle (*Gossypium* L. Spec.)	18 bis 22 % Ölsäure 30 %, Linolsäure 45 %	Verseifungszahl: 190 bis 198 Jodzahl: 101 bis 117 Unverseifbares: 1 %

Samen von Farbpflanzen

Farbpflanze	Ölgehalt	Kennzahlen
Wau (*Reseda luteola*)	30 bis 38 % dunkelgrünes, bitteres Öl, gut trocknend	Jodzahl: 193
Waid (*Isatis tinctoria*)	10 bis 30 % 26 % Linolensäure, 25 % Erucasäure, 12 % Eicosensäure, 14 % Ölsäure, 10 % Linolsäure	Jodzahl: 112 bis 150

Mariendistel

Färberwaid

Samen von sonstigen Sträuchern und Bäumen

Strauchpflanze	Ölgehalt	Kennzahlen
Wacholder (*Juniperus communis* L.)	7,0 bis 9,0 %	Jodzahl: 160
Maulbeerbaum (*Morus alba* L.)	25 bis 35 % 80 % Linolsäure	
Spindelbaum (*Evonymus europaea* L.)	28 bis 40 % Ölsäure, Linolsäure, Linolensäure (zusammen ca. 80 %)	Jodzahl: 118
Kreuzdorn (*Rhamnus cathartica* L.)	8 bis 12 % Ölsäure, Linolsäure, Linolensäure (zusammen ca. 87 %)	
Pistazie (*Pistacia vera* L.)	50 bis 58 % 70 % Ölsäure, 20 % Linolsäure, 8 % Palmitinsäure	spez. Gewicht: 0,917 Verseifungszahl: 187 bis 196 Jodzahl: 86 bis 98 Unverseifbares: bis 3 %
Avocado (*Persea americana* Mill.)	5 bis 32 % 65 % Ölsäure, 11 % Stearinsäure, 9 % Linolsäure, 8 % Palmitinsäure	spez. Gewicht: 0,908 bis 0,921 Verseifungszahl: 65 bis 95 Jodzahl: 65 bis 95 Unverseifbares: bis 2 %
Stachelbeere (*Ribes grossularia* L.)	16 bis 20 % 11 % γ-Linolensäure	Verseifungszahl: 188 Jodzahl: 171 Unverseifbares: bis 1,4 %
Schwarze Ribisel (Johannisbeere) (*Ribes nigrum* L.)	28 bis 32 % 47 % Linolsäure, 11 % α-Linolensäure, 17 % γ-Linolensäure, 11 % Ölsäure	Verseifungszahl: 195 bis 197 Jodzahl: 160 bis 176 Unverseifbares: bis 2,3 %
Rote Ribisel (Johannisbeere) (*Ribes rubrum* L.)	18 bis 26 % 42 % Linolsäure, 30 % α-Linolensäure, 6 % γ-Linolensäure,	Verseifungszahl: 195 bis 197 Jodzahl: 160 bis 176 Unverseifbares: bis 2,3 %
Mispel (*Mespilus germanica*)	4 bis 6 % 58 % Ölsäure, 25 % Linolsäure	
Orange (Apfelsine) (*Citrus sinensis*)	10 bis 12 % 38 % Linolsäure, 27 % Ölsäure, 26 % Palmitinsäure	Verseifungszahl: 193 bis 197 Jodzahl: 97 bis 105

Strauchpflanze	Ölgehalt	Kennzahlen
Zitrone (*Citrus limon*)	8 bis 12 % 34 % Linolsäure, 28 % Ölsäure, 24 % Palmitinsäure	
Grapefruit (*Citrus paradisi*)	6 bis 12 % 35 % Linolsäure, 26 % Ölsäure, 29 % Palmitinsäure	
Lorbeerbaum (*Laurus nobilis* L.)	35 bis 40 % Laurin-, Palmitin-, Öl-, Linolsäure	Verseifungszahl: 197 bis 205 Jodzahl: 68 bis 83 Unverseifbares: bis 6 %
Pinie (*Pinus pinea* L.)	45 bis 50 % 48 % Ölsäure	Verseifungszahl: 192 bis 198 Jodzahl: 118 bis125 Unverseifbares: bis 2 %
Feige (*Ficus carica* L.)	30 % 33 % Linolensäure, 34 % Linolsäure, 19 % Ölsäure	Verseifungszahl: 219 Jodzahl: 147 Erstarrungspunkt: -16 °C
Himbeere (*Rubus idaeus* L.)	22 bis 25 %	Verseifungszahl: 192 bis 193 Jodzahl: 154 bis 175 Unverseifbares: bis 1,9 %
Roter Hartriegel (*Cornus sanguinea* L.)	40 %	Verseifungszahl: 193 Jodzahl: 100 Unverseifbares: bis 0,7 % Erstarrungspunkt: -12 °C
Wilder Wein (*Ampelopsis quinquefolia* Michx.)	18 bis 20 %, dunkelgrünes Öl 71,4 %Linolsäure, 17,6 % Ölsäure, 11,0 % gesättigte Säuren	Jodzahl: 123

ANDERE QUELLEN FÜR ÖLE UND FETTE

STEINÖL

Über 180 Millionen Jahre alt ist der Ölschiefer (Formation Lias), aus dem das Steinöl gewonnen wird. Er bildete sich aus fossilen Ablagerungen. Der Ölgehalt beträgt 4 % bis 6 %. Tiroler Steinöl hat einen hohen Anteil an Schwefel.

Im Tagbau wird der Ölschiefer bergmännisch abgebaut und in Schachtöfen ausgeschwelt. Durch die Erhitzung verflüchtigt sich das Öl zu einem milchig weißen Dampf, der abgesaugt und in Kondensationstürmen abgekühlt wird, wo er sich als Steinöl niederschlägt. Daraus werden Salben, Cremes, Seifen und Massageöle hergestellt.

FETTE AUS HEFEN UND SCHIMMELPILZEN

Hefe und Schimmelpilze können bis zu 70 % Fett enthalten. Die Fettsäurezusammensetzung ähnelt der von pflanzlichen Ölen, wobei in erster Linie Ölsäure und Palmitinsäure gebildet werden. Die Kultur von fettproduzierenden Hefen und Schimmelpilzen geschieht so, indem man den Mikroorganismen für die Vermehrung wesentliche Nährstoffe entzieht, sie jedoch gut mit Kohlenhydraten versorgt.

Species (Hefe)	Fettgehalt [%]
Candida lipolytica	36
Trichosporn cutaneum	45
Candida curvata	58
Lipomyces lipoferus	63
Endomyces vernalis	65
Rhodotorula glutinis	71
Species (Schimmelpilze)	
Eutomophthora virulenta	26
Aspergillus flavus	28
Phytium ultimum	49
Fusarium bulbigenum	50
Aspergillus fischeri	53
Pencillium lilacinum	56
Mucor circinecelloides	65

FETTE AUS BAKTERIEN

Bakterien bilden weniger Fett als Hefen und Schimmelpilze. Die Fette enthalten bis zu 20 % freie Fettsäuren, überwiegend Palmitinsäure, daneben auch einfach ungesättigte, jedoch keine mehrfach ungesättigten Fettsäuren. Im Gegensatz zu pflanzlichen Fetten finden sich im Fett von Bakterien über 17 % Fettsäuren mit ungerader Zahl an Kohlenstoffatomen in der Kette.

FETTE AUS ALGEN

In Algenfett sind auch größere Mengen von Fettsäuren mit ungerader Zahl von Kohlenstoffatomen enthalten. Es dominieren Palmitin- und Ölsäure, aber auch beachtliche Mengen von Linol- und Linolensäure. Der Fettgehalt schwankt je nach Species zwischen 10 und 85 %.

Species (Alge)	Fettgehalt [%]
Chlorella ellipsoida	30-85
Chlorella pyrenoidosa	10-85
Chlorella sorohiniana	15-39
Ochromionas danica	53
Thalassiosira fluviatilis	50

BILDUNG VON FETT IN PFLANZEN

Pflanzen synthetisieren Fett vor allem in ihren Samen. Es dient dort als Speicherstoff, um nach der Samenruhe für die Keimung und das erste Wachstum des Sämlings Kohlenstoffbausteine und vor allem auch Energie zur Verfügung zu stellen. Bei den Samenfetten oder -ölen handelt es sich um „Triglyceride", bei denen jeweils ein Glycerinmolekül mit drei Fettsäuren verestert ist. Die Fettbildung beginnt in den grünen Chloroplasten der Blätter. Dies passiert nicht direkt, sondern über den Umweg der Photosynthese.

Mit Hilfe der Sonnenenergie werden aus anorganischen Stoffen organische gebildet. In einem ersten Schritt, der Lichtreaktion, wird mittels der chemisch gebundenen Lichtenergie Wasser (H_2O) in reduzierenden Wasserstoff (2 H) und Sauerstoff (O) gespalten. In der folgenden Dunkelreaktion wird mit der so gebildeten Reduktionskraft das CO_2 aus der Luft zu einem ersten organischen Molekül (CH_2O) „assimiliert". Das überzählige Sauerstoffatom aus dem CO_2 wird zu Wasser gebunden, während der aus der Wasserspaltung freigewordene Sauerstoff aus dem System als Gas entweicht. Der mit der Reduktion des Kohlendioxids verbundene Energieaufwand wird bei der Verbrennung wieder frei.

Das primäre Photosyntheseprodukt für die Fettsäurebildung ist ein C2-Molekül (Acetat), das enzymatisch aktiviert und durch serielle Addition zu einer Kohlenstoffkette verlängert wird. Die dafür notwendigen Enzyme sind in allen höheren Lebewesen im wesentlichen die gleichen. Dieser relativ komplizierte Stoffwechsel-„Schalter" läuft im einzelnen verschieden ab, so daß ein sehr vielgestaltiges Spektrum von Endprodukten entstehen kann, also Fettsäuren aus nur 8 oder 10 Kohlenstoffatomen oder solche aus 22 oder 24, mit Doppelbindungen im Kohlenstoffgerüst oder weiteren chemisch funktionellen z. B. OH-, O- oder Azetylengruppen.

Die unterschiedliche Ausbildung von Fettsäuren hängt von vielen Umweltfaktoren während der Entwicklung der Pflanze ab. Da das Speicherfett im Samen nur Substrat oder Energiespender für die spätere Keimung ist, ist es für sie belanglos.

Pflanzenzüchter haben die Möglichkeit, Pflanzen züchterisch so zu verändern, daß sie z. B. in ihren Samen Fett mit überwiegend nur einer einzigen erwünschten Fettsäure synthetisieren. Eine derart „maßgeschneiderte" Fettsäuresynthese gelingt jedoch nur für das Speicherfett und ist auch hier nicht völlig unabhängig von den verschiedenen Umweltbedingungen. Wünscht man z. B. einen hohen Gehalt an mehrfach ungesättigten Fettsäuren, so sind niedrige Temperaturen besonders hilfreich. Leinöl von hoher Qualität stammt daher aus dem kühlen Norden und nicht aus wärmeren Gebieten.

Umwelteinflüsse wirken häufig gleichsinnig auf mehrere Lipidsynthesewege ein. In ihren Zellmembranen benötigen Pflanzen bei niedriger Umgebungstemperatur einen höheren Anteil an ungesättigten Fettsäuren, weil die Lipide sonst steif würden und die Zellmembranen ihre Flexibilität verlieren würden.

GEWINNUNG VON PFLANZENÖLEN

Bei der Gewinnung von Pflanzenölen kommt es vor allem im Nahrungsbereich darauf an, eine maximale Ausbeute bei möglichst weitgehender Erhaltung der natürlichen Qualitätseigenschaften zu erreichen. Die heute angewandten sehr energie- und kapitalintensiven Verfahren, wie zum Beispiel die Extraktion mit verschiedenen Lösungsmitteln oder das sogenannte „Fertigpressen", führen jedoch meist zu Produkten, deren natürlicher Charakter kaum mehr zu erkennen ist.

Moderne Zylinderpresse

Ölgewinnung mit historischen Pressen

Alternative Verfahren scheitern dagegen häufig an der Wirtschaftlichkeit und der Haltbarkeit der Verbrauchsprodukte.

ÖLGEWINNUNG IN ALTER ZEIT

Schon vor rund 6000 Jahren wurde in Babylonien und Ägypten Öl aus Pflanzen erzeugt. In der Antike wurde z. B. Olivenöl nach verschiedenen Methoden gewonnen. Um Öl von bester Qualität zu erhalten, wurden die Oliven nicht gepreßt, sondern in einen Korb gegeben und das daraus tropfende Wasser/Öl-Gemisch in einem darunterstehenden Behälter aufgefangen. Eine andere Methode war, die Oliven in einen Felsengesteinraum zu füllen, dessen untere Seite ein Loch hatte. Durch Eigengewicht wurde also bei diesen beiden Methoden das Öl gewonnen. Eine weitere Methode war, die Früchte mit heißem Wasser zu übergießen und das an der Oberfläche schwimmende Öl abzuschöpfen. Im Laufe der Zeit verbesserte sich die Technik. Die Römer konstruierten die „mola oleara". Sie bestanden aus zwei zylinderförmigen Steinen, die an einer Achse befestigt waren. Durch Drehung dieser Achse wurden die Oliven zerquetscht. Nach dieser ersten Kaltpressung wurde heißes Wasser hinzugefügt und ein zweites und drittes Mal gepreßt.

ÖLGEWINNUNG IN DER HEUTIGEN ZEIT

Die Ölgewinnung ist abhängig von der Rohware. Die einzige Rohware, die längere Zeit gelagert werden kann, sind Ölsaaten. Dies setzt aber gute Lagerbedingungen voraus. Anders sieht es bei Ölfrüchten aus, die Fruchtfleischfette enthalten. Hier setzen unmittelbar nach der Ernte enzymatische Abbaureaktionen ein, die die Qualität schnell verschlechtern können. Diese Früchte werden daher meist am Ort der Ernte verarbeitet.

Ölsaaten sind lager- und transportfähig und werden in der Nähe der Verbraucher verarbeitet. Sie werden gereinigt, eventuell geschält, gebrochen, wärmebehandelt und flockiert. Das Öl aller Ölfrüchte kann durch Pressen gewonnen werden. Darüberhinaus können die Saaten extrahiert werden. Fruchtfleisch kann auch zentrifugiert werden. Die Preßrückstände von Fruchtfleischfetten können nach Trocknung als Brennmaterial verwendet werden. Der Preß- und Extraktionsrückstand der Ölgewinnung aus Saaten wird in den meisten Fällen als Viehfutter verwendet.

FRUCHTFLEISCHFETTE

OLIVENÖLGEWINNUNG

Im wesentlichen gibt es zwei Möglichkeiten, um Olivenöl zu gewinnen, nämlich durch Pressen und durch Trennen mit Zentrifugen. Je nachdem, welche Methode man verwendet, müssen bestimmte Vorbereitungen getroffen werden. Dabei hängt es auch davon ab, ob die Oliven gepflückt, aufgelesen oder maschinell geerntet werden. Beim Pflücken ist der Anteil an Blättern und Zweigen geringer als bei den anderen Methoden. Im allgemeinen erfolgt die Olivenölgewinnung folgendermaßen: Nach der Reinigung werden sie zerkleinert, geschlagen, danach der „Most" gewonnen und daraus das Öl abgetrennt.

Ablauf der Ölgewinnung bei Oliven

> Oliven → Reinigung → Zerkleinerung → Schlagen →
> Mostgewinnung → Öl abtrennen → Olivenöl

Bei der Reinigung werden die Oliven gewaschen und Fremdkörper entfernt. Letzteres erfolgt meistens nicht, wenn das Öl durch Pressen gewonnen wird. Hingegen ist dieser Schritt beim Zentrifugieren sehr wichtig, da die Zentrifuge durch Fremdkörper leicht beschädigt werden könnte.

Danach werden die Oliven zerquetscht. Dies geschieht entweder mit einer Steinmühle, einer metallenen Mühle oder einer Hammermühle. Bei der Steinmühle werden die Oliven zu einer Pulpe vermahlen, wobei die Kerne gebrochen werden. Der Vorteil der Mühlsteine ist, daß keine Metallspuren in das Öl gelangen, was die Haltbarkeit verlängert. Bei der metallenen Mühle werden die Oliven gegen die Wand geschleudert, wo sie zerplatzen. In der Hammermühle werden die Früchte zermahlen und gleichzeitig geschlagen. Das Schlagen dient dazu, um die Zellen weiter aufzuschließen und das Öl zu größeren Tropfen zusammenfließen zu lassen. Dies geschieht in mehreren Arbeitsgängen, die öfters wiederholt werden. Bei der Gewinnung mittels Zentrifuge wird die Masse auch erwärmt, damit eine bessere Trennung erfolgt. Nach dem Schlagen wird die Pulpe weiter zerkleinert.

Die Gewinnung des Öls erfolgt in größeren Ausmaßen durch eine Pressung. Dabei wird die Olivenpulpe zwischen die Filtertücher einer Rahmenpresse gegeben. Mehrere Rahmen werden dann übereinandergestapelt. In der Mitte der Rahmen ragt ein Zapfen nach oben, durch den der Most ablaufen kann. Beim Pressen übt ein Kolben hydraulischen Druck auf die Pulpe aus, indem er den Stapel gegen den Kopf der Presse drückt. Beim Doppelpreßverfahren wird in zwei Pressen gepreßt, wobei die erste etwa die Hälfte des Drucks der zweiten anwendet.

Bei der Gewinnung durch Zentrifugieren kann die Ölgewinnung auch in einem Schritt mit Dekantern durchgeführt werden. Dabei ist es möglich, den Feststoff und die Flüssigkeit voneinander zu trennen und gleichzeitig die flüssige Phase in Öl und Wasser zu trennen. In einem weiteren Schritt wird mit einem Separator geklärt. Der Trester enthält zwischen 5 und 9 % Restölgehalt.

SAMENFETTE

Ölsaaten sind gut lager- und transportfähig. Deshalb können sie überall verarbeitet werden. Die Ölgewinnung aus Saaten und Nüssen läuft meistens in vier Schritten ab. Nach der Reinigung und Vorbereitung der Saat wird das Öl durch Pressen oder Extraktion gewonnen. Danach wird das Öl und ebenso der Schrot aufgearbeitet.

Ablauf der Ölgewinnung aus Samen und Nüssen

> Samen/Nüsse → Reinigung/Vorbereitung → Ölgewinnung →
> Aufarbeitung des Öls → Aufarbeitung des Schrots

REINIGUNG / VORBEREITUNG

Alle Ölsaaten müssen zur Gewinnung des Öls vorbereitet werden, wobei die einzelnen Vorbereitungsschritte von Saat zu Saat unterschiedlich sind, je nachdem ob gepreßt oder direkt extrahiert wird. Die getrocknete Saat wird über einen Schneckenförderer auf eine Schüttelrinne aufgegeben, die einen Eisenabscheider speist. Danach werden Verunreinigungen pneumatisch abgetrennt. Bei Bedarf wird dann die Saat geschält, separiert, zerkleinert und gewalzt, dann erfolgt der Ölgewinnungschritt.

> Saat → reinigen → schälen → zerkleinern → konditionieren
> (Wärmebehandlung) → Ölgewinnung

SCHÄLEN DER SAAT

Die meisten Ölsaaten werden geschält. Das Extrahieren ohne Schälen wäre möglich, aber unwirtschaftlich, da die Schalen die Leistung herabsetzen, wenn sie mitgepreßt oder mitextrahiert werden. Es hängt vom Anteil der Schalen an der Gesamtsaat ab, ob es sich lohnt zu schälen.

Mittlerer Schalenanteil von Ölsaaten

Ölsaat	Schalenanteil [%]
Sojabohne	7
Baumwolle	31
Sonnenblumen	30
Raps	5
Sesam	8
Saflor	48

Sojasaat wird selten geschält, außer wenn man gleichzeitig Hochproteinschrot (HP-Schrot) gewinnen will.

Es gibt verschiedene Möglichkeiten zu schälen, nämlich mit Walzen- und Scheibenmühlen bei Saaten und Schlagwerken bei hartschaligen Nüssen. Die Schalen können durch Sieben (Rüttelsiebe), pneumatisch (Absaugen bzw. Abblasen) oder mit Elektorscheidern abgetrennt werden. Je nach Art der Saat ergeben sich unterschiedliche Anforderungen an den Schälprozeß.

ZERKLEINERN DER ÖLSAATEN UND -FRÜCHTE

Um gute Extraktions- oder Preßergebnisse zu erzielen, muß die Ölfrucht zerkleinert werden. Die Ölsaaten sind so klein, daß sie lediglich feinzerkleinert werden. Anders ist dies bei Nüssen, die erst grob zerkleinert werden müssen. Das geschieht durch Riffelwalzwerke. Die weitere Zerkleinerung erfolgt durch Brechen (Walzenbrecher), die Feinzerkleinerung durch Walzen- und Riffelwalzenstühle. Die Walzenstühle bestehen aus einem oder mehreren Walzenpaaren, wobei die Walzen der jeweiligen Paare mit unterschiedlichen Geschwindigkeiten rotieren. Die Anzahl der Walzenpaare richtet sich nach dem Einsatzzweck.

Bei Quetschwalzwerken besteht die Maschine aus einem Walzenpaar, wobei eine fest gelagert und die zweite gegen diese gepreßt wird.

WÄRMEBEHANDLUNG

Die Wärmebehandlung (Konditionierung) der Saat wird durchgeführt, um eine optimale Ausbeute bei der Ölgewinnung durch Pressung oder Extraktion zu erhalten.

Neben den technologisch wichtigen Effekten der Erwärmung, nämlich
- Proteinkoagulation, die die Emulsionen des Öls in der Zelle bricht,
- Zerstörung von Zellmembranen, die zu leichterer Extrahierbarkeit führt,
- Viskositätserniedrigung, die das Öl fließfähiger macht,

gibt es Effekte, die sich auf das Produkt beziehen, nämlich
- Sterilisationseffekte,
- Inaktivierung von Enzymen (die die Schrotverwendung stören) und Lipasen,
- Zerstören von für einige Tierarten nachteiligen natürlichen Beimengungen, die die Verwendungsfähigkeit des Schrotes einschränken.

Da die Konditionierung auch immer mit der Einstellung eines bestimmten Wassergehaltes gekoppelt ist, hat sie den Effekt, den Saatflocken die richtige Elastizität zu geben. So wird vermieden, daß die Saat bei zu niedrigem Feuchtigkeitsgehalt zerbröselt.

Die Konditionierung kann in zwei verschiedenen Apparaturen erfolgen, nämlich Wärmepfannen oder Trommelkonditionierern. Durch die kontrollierte Bewegung der Saat sind Erhitzung und Verweilzeit in letzteren gleichmäßiger.

Die Wärmepfanne ist ein zylindrisches Gefäß, das aus einem oder mehreren Böden besteht. Die Saat wird auf den obersten Boden gegeben, der meist einen Heizring besitzt. In der Mitte befindet sich eine Rührwelle, die mit Flügelrührern bestückt ist, die sichelförmig die Böden bestreichen. Die zu erwärmende Saat wird die gewünschte Zeit von dem Rührer über den jeweiligen Boden verteilt. Dann öffnen sich die Füllverschlüsse, und die Saat fällt eine Stufe tiefer. Dort wird zuerst erwärmt und durch Dampfinjektion ein bestimmter Wassergehalt eingestellt. Besteht die Wärmepfanne nur aus einem Zylinder, wird dort das Wasser zudosiert. Es wird dann weiter erwärmt und eventuell wieder getrocknet. Folgt darauf eine Extraktion, so muß auf die Extraktionstemperatur heruntergekühlt werden.

Trommelkonditionierer bestehen aus einzeln horizontal aufeinandergeschichteten Rohren, Heiztrommeln, die mit einem Rührer versehen sind. Zur Beheizung haben die Rohre einen Doppelmantel. Die Saat wird über eine Schnecke aufgegeben. Meist besteht der Konditionierer aus drei Trommeln, wobei die erste die Heiztrommel ist; in der ersten und letzten besteht auch die Möglichkeit, Direktdampf einzublasen.

ÖLGEWINNUNG DURCH PRESSEN

In den heutigen Kleinölmühlen wird zur Ölgewinnung meist gepreßt. Es gibt dazu zwei Verfahren, nämlich die Anwendung als Vorpressen oder Fertigpressen.

Bis zum Ende des Zweiten Weltkrieges war das Pressen des Öls die am weitesten verbreitete Methode, um Öl zu gewinnen. Danach kam das Extrahieren sehr stark auf, und das Pressen trat als Vorpressen in den Hintergrund. Heute wird das Fertigpressen nur mehr bei kleinen Ölmühlen angewandt. Preßt man vor der Extraktion (Vorpressen), so läßt man 15 bis 20 % Fett im Preßkuchen zurück.

Offene Pressen sind nur noch bei der Gewinnung von Olivenöl gebräuchlich. Bei der Pressung von Ölsaaten arbeitet man mit geschlossenen Pressen, Kastenpressen oder meist Schneckenpressen.

Der Wassergehalt spielt beim Pressen eine große Rolle. Das Konditionieren der Saat hat unter anderem zum Ziel, den Wassergehalt der Saat für die Pressung auf 3 bis 6% einzustellen. Der Restölgehalt des Schrotes ist abhängig vom Wassergehalt. Der optimale Wassergehalt liegt zwischen 2,5 und 4 %, wenn mit Seiherschneckenpressen gearbeitet wird. Bei unter 2,5 % Feuchte steigt der Restölgehalt wieder steil an.

Offene Pressen

Diese sind nur noch bei der Gewinnung von Olivenöl gebräuchlich. Das Pressen erfolgt diskontinuierlich, die Olivenölpulpe wird auf mit Filtertüchern belegte Rahmen ausgebreitet, die anschließend gestapelt werden (Rahmenpresse). Das Pressen dauert bis zu zwei Stunden. Die Presse faßt etwa 500 kg Pulpe. In der Mitte des Rahmens ragt ein perforierter Zapfen nach oben, durch den das Olivenöl ablaufen kann. Der benötigte Druck wird mittels eines hydraulischen Kolbens erzeugt. Eine früher eingesetzte Methode war das Mahlen der Oliven in Olivenölmühlen.

Geschlossene Pressen

Diskontinuierliche Pressen

Diese Pressen werden heute nur noch zur Gewinnung von Ölen eingesetzt, die in kleinen Mengen hergestellt werden.

Seiherpressen bestehen aus einen perforiertem Zylinder, dem Seiher. Der Seiher wird mit Stangen stabilisiert, das Öl tritt durch eine Spalte aus, die von den Seiherstangen gehalten wird. Der Druck innerhalb des Seihers wird mittels eines Kolbens erzeugt, wobei ein Stempel Druck auf das Preßgut ausübt. Das Fett wird beim Pressen über Siebböden und Kanäle abgeleitet.

Kasten-, Trog- und Topfpressen bestehen aus entsprechenden Gefäßen, in denen ein Stempel Druck auf das Preßgut ausübt. Das Öl wird beim Pressen über Siebböden und Kanäle abgeleitet.

Kontinuierliche Pressen

Diese Pressen werden hauptsächlich zur Gewinnung von naturbelassenen oder kaltgepreßten Pflanzenölen verwendet. Eingesetzt werden sogenannte Schneckenpressen, in deren horizontalen Gang die Preßwelle in der Form einer Schnecke eingebaut ist. Um den

Das „Herz" der Ölmühle mit Mühle, Wärmepfanne und Ölpresse

Langsames Auspressen des Öles

Vorwärmen des Preßgutes, um das Wasser zu verdampfen

Druck im Laufe des Durchgangs des Preßmaterials zu erhöhen und um den Druckverlust zu kompensieren, verjüngt sich der Durchmesser des Schneckenganges in Förderrichtung. Die Schnecke besteht normalerweise aus mehreren Segmenten verschiedener Steigung und Form. Dadurch kann die Schneckenpresse den unterschiedlichen Saaten angepaßt werden.

Durch die hohen Drucke entstehen Temperaturen bis zu 170 °C. Üblich sind Temperaturen um 100 °C. Nur wenn erheblich kleinere Ölausbeuten in Kauf genommen werden, kann bei Temperaturen unter 60 °C gepreßt werden.

ÖLGEWINNUNG DURCH EXTRAKTION

Die Ölgewinnung mittels Extraktion ist heute die häufigste Art, Pflanzenöle in großen Massen zu gewinnen. Fast alle Pflanzenöle, mit Ausnahme des Olivenöls und einiger Spezialöle, werden so gewonnen, um letztendlich als raffinierte Pflanzenöle in den Handel zu kommen. Die Extraktion findet immer dann Anwendung, wenn der Ölgehalt im Rohstoff unter 2 % zu senken ist. Bei sehr hohen Ölgehalten hat das Pressen Vorteile, da es wirtschaftlicher ist.

Die Extraktion des Öls ist als alleiniger Schritt anwendbar, wird jedoch meist mit einem Vorpreßschritt kombiniert, in dem der Ölgehalt auf 15 bis 20 % gesenkt wird. Somit zieht man den Nutzen aus den wirtschaftlichen Vorteilen beider Verfahren, nämlich den geringen Kosten der Pressung und der besseren Ölausbeute der Extraktion.

Bei der Extraktion wird das Pflanzenöl aus dem Zellverband mittels eines Lösungsmittels (n-Hexan, Benzin), herausgelöst. Um zu gewährleisten, daß dieses Lösungsmittel ungehindert in die Saat eindringen kann, müssen die Zellwände aufgebrochen und gleichzeitig die Diffusionswege klein gehalten werden. Dazu wird das Saatgut zunächst mechanisch zerkleinert und auf Walzenstühlen zu feinen Flocken gepreßt. Wenn nötig, wird das Saatgut erwärmt. Dabei werden durch die Koagulation des Eiweißes und die Wasserdampfbildung zusätzlich die Zellwände zerstört.

In der Praxis kommen zwei Extraktionsverfahren zum Einsatz. Diese Verfahren sind das Perkolations- und das Immersionsverfahren. Beiden Extraktionsverfahren ist gemeinsam, daß Lösungsmittel (Extraktionsmittel) und Saatgut (Extraktionsgut) im Gegenstrom laufen. Es kommt stets frisches Lösungsmittel mit weitgehend entölter Saat und frische Saat mit weitgehend ölgesättigtem Lösungsmittel, der sogenannten Miscella, in Berührung. Nach der Extraktion wird das Lösungsmittel vom Öl abdestilliert und dem Prozeß wieder zugeführt.

Ein weiteres Verfahren ist die Extraktion mit überkritischem Kohlendioxid (CO_2). Dieses erfordert aber extrem hohe Drucke, um eine hohe Löslichkeit des Öles im CO_2 zu erreichen. Es hat aber den Vorteil, daß die Entfernung des Extraktionsmittels aus Öl und Saat einfacher ist, und Restmengen an CO_2 unbedenklich sind.

BEHANDLUNG DER ROHÖLE

Die Rohöle müssen raffiniert werden. Dies kann im unmittelbaren Anschluß an die Gewinnung in einer angeschlossenen Raffinerie geschehen. Die Entschleimung findet fast immer in der Ölmühle statt.

Entschleimung

Eine Entschleimung des Rohöles ist notwendig, da Rohöle Begleitstoffe enthalten, die bei der Lagerung die hydrolytische und oxidative Fettspaltung begünstigen. Bei der Entschleimung werden Eiweißstoffe und Phospholipide (z. B. Lecithin) durch Hydrolyse ausgefällt.

Entsäuerung (Neutralisation mit Natronlauge)

Während der Lagerung des Rohöls besteht stets die Gefahr einer Fettspaltung. Durch enzymatische, mikrobielle, chemisch-hydrolytische und autoxidative Spaltung von Triglyceriden werden freie Fettsäuren gebildet, die, je nach Menge und Zusammensetzung, dem Öl unerwünschte Eigenschaften verleihen. Die heute verbreitetste Methode ist die Neutralisation mit Alkalilaugen unter Bildung von Seifen und Wasser.

Bleichung

Öle enthalten von Natur aus Farbstoffe, meist Karotine oder seltener Chlorophylle. Ein großer Teil dieser Farbstoffe wird bei der Entschleimung und Entsäuerung entfernt. Schwer flüchtige Begleitstoffe (Chlorophylle sowie hochmolekulare Kohlenwasserstoffe) werden erst durch eine Bleichung mit Bleicherde oder an Aktivkohle absorbiert. Die Bleicherde enthält bis zu 30 % Öl, welches durch Extraktion zurückgewonnen wird.

Dämpfung (Desodorisierung)

Die meisten Öle besitzen einen mehr oder weniger ausgeprägten Eigengeruch und -geschmack. Auch können sich bei der Lagerung des Saatgutes oder Öles noch Zersetzungsprodukte bilden, die im Speiseöl unerwünscht sind. Auch nach der Bleichung sind diese leicht flüchtigen Begleitstoffe, aber auch etwaige Pestizide und Reste des Extraktionsmittels, im Öl enthalten. Diese werden durch eine Dämpfung (Desodorisierung) entfernt, die im Prinzip eine Vakuumwasserdampfdestillation darstellt.

PHYSIKALISCHE WEITERVERARBEITUNG VON ÖLEN

DIE FRAKTIONIERUNG

Die Fraktionierung von Fetten und Ölen wird angewandt, um den Gebrauchswert und/oder den Handelswert zu erhöhen oder um Spezialprodukte herzustellen. Die Fraktionierung kann sowohl bei Rohölen als auch bei entsäuerten und gebleichten Ölen oder mit nur gebleichten Ölen durchgeführt werden.

Bei Fetten und Ölen handelt es sich nicht um eine homogene Substanz, sondern um ein Gemisch aus verschiedenen Triglyceriden, deren Schmelzpunkte unterschiedlich sind. Dies beeinflußt ihre physikalischen Eigenschaften. Fette und Öle haben deshalb keinen festen Schmelzpunkt, sondern einen Schmelzbereich. Diese Eigenschaft wird zur Trennung ausgenützt.

Die Fraktionierung ist ein rein physikalisches Verfahren, bei dem sowohl die Bausteine der Fette als auch die Triglyceride unverändert bleiben. Getrennt wird ausschließlich nach dem Schmelzpunkt, beziehungsweise bei der Naßfraktionierung nach der Löslichkeit in geeignetem Lösungsmittel. Die flüssigen Anteile eines Fettes befinden sich als Tröpfchen im Kristallgitter der höherschmelzenden Anteile und werden herausgepreßt. Trotz der Anwendung moderner Apparate dauert ein Prozeß mehrere Stunden und gliedert sich in die Schritte:
- das Schmelzen oder Lösen des Fettes/Öles
- das Konditionieren
- das Kristallisieren
- die Trennung

Die drei zur Zeit angewandten Verfahren zur Fraktionierung sind:

Trockenfraktionierung (ohne Hilfsstoffe)

Die Trockenfraktionierung beruht auf dem Prinzip der Trennung aufgrund von unterschiedlichen Schmelzpunkten der einzelnen Komponenten, z. B. Olein und Stearin. Das Verfahren hat den Vorteil, daß bei diesem rein physikalischen Vorgang keinerlei Zusatzstoffe verwendet werden. Somit entfällt eine spätere Reinigung des Produktes. Nachteilig ist die relativ schlechte Trennung gegenüber den zwei anderen Verfahren. Zur Durchführung wird das Gemisch über den Schmelzpunkt hinaus erhitzt. Danach läßt man es abkühlen und trennt die, meist zwei, Fraktionen voneinander ab.

Lanza-Fraktionierung

Die Trennung erfolgt nicht durch eine mechanische Methode, sondern durch eine Benetzung der Kristalloberfläche mit wäßrigen Detergentien, der Salze beigemischt sein können.
Die Emulsionsbildung wird erschwert. Durch die Benetzung werden die höherschmelzenden Anteile des Öles hydrophil und wandern in die Wasserphase. Es bilden sich große Öltropfen, die frei von Kristallen sind und zusammenlaufen. Die beiden Phasen werden in einem sich anschließenden Arbeitsschritt abzentrifugiert.

Naßfraktionierung

Das Prinzip beruht auf der unterschiedlichen Löslichkeit im Lösungsmittel bei einer bestimmten Temperatur. Man erhält eine scharfe Trennung der einzelnen Phasen, die man über die Temperatur und die Menge des Lösungsmittels beeinflussen kann. Sind besonders reine Fraktionen erwünscht, wird mit Lösungsmittel nachgewaschen.

Winterisierung

Die Winterisierung ist eine sehr einfache Form der Fraktionierung. Es werden bei einer Winterisierung nicht zwei Fraktionen mit ähnlicher Teilchengröße getrennt, sondern kleine Teile eines Öles von der Hauptmenge. Das Verfahren dient nicht der Modifikation eines Öles, sondern der Änderung des Verhaltens eines Öles bei tiefen Temperaturen, um eine bessere Handhabung zu erreichen. Viele Speiseöle zeigen bei Kühlschranktemperaturen eine Ausflockung von Wachsen und hochschmelzenden Glyceriden, was oft irrtümlich als Verderb gewertet wird.

Das entsäuerte und gebleichte Öl wird auf 5 bis 15 °C abgekühlt, die unerwünschten Wachs- sowie Schleimstoffe und hochschmelzenden Glyceride werden ausgefällt und abfiltriert.

Alternativ ist eine Winterisierung über Lösungsmittel möglich. Das Öl wird mit Lösungsmitteln versetzt (Verlustvermeidung), abgekühlt und die hochschmelzenden Kristalle der Triglyceride anschließend abfiltriert.

QUALITÄTSBEZEICHNUNG FÜR SPEISEÖLE

Es gibt nur wenige Richtlinien und eine Reihe nicht eindeutiger Bezeichnungen bei Speiseölen. Zudem hat jedes Land seine eigenen Bezeichnungen. Einige Kriterien sind

Die Anbauart

- **Biologisch dynamischer Anbau**

Dies bedeutet, daß nur mit Kompost gedüngt wird, keine Pestizide eingesetzt werden und nach einem Aussaatkalender angebaut wird. Kontrolliert wird durch den Demeter-Bund.

- **Kontrollierter biologischer Anbau (kba)**

Dies bedeutet, daß mit Mist gedüngt wird und keine Pestizide eingesetzt werden. Kontrolliert wird durch akkreditierte Kontrollorganisationen.

Diese kontrollierten Produkte müssen eine Kontrollnummer, von der jeweiligen Kontrollstelle, auf dem Etikett haben.

- **Geschützte geographische Angabe (g.g.A.)**

Dies ist eine von der EU gesetzlich geschützte Herkunfts- und Qualitätsbezeichnung (gemäß Artikel 5 VO (EWG) Nr. 2081/92). Dies gilt z. B. für das Steirische Kürbiskernöl und besagt, daß die Herkunft der Kürbiskerne von Ölkürbissen aus steirischem Anbau ist, in heimischen Ölmühlen gepreßt wird und es 100 % reines Kürbiskernöl ist.

Die Gewinnung

- **Kaltgepreßte Öle**

Es gibt im engeren Sinn des Wortes keine „kaltgepeßten" Öle. Der Begriff „kaltgepreßt" sagt nur aus, daß das Öl mechanisch gepreßt und nicht raffiniert wurde. Wie schon erwähnt, werden bei der Pressung Temperaturen von bis zu 100 °C erreicht. Je tiefer die Temperatur bei der Pressung, desto geringer ist die Ölausbeute, und deshalb liegen diese Öle auch im Preis wesentlich höher. Es gibt in dieser Hinsicht auch keine eindeutige Rechtslage. Von der wissenschaftlichen Seite gibt es keine begründbare Antwort, was gesundheitlich der Unterschied zwischen einem bei 40 °C oder bei 60 °C gepreßten Öl ist. Denn erst ab Temperaturen von 150 °C können sich ungesättigte Fettsäuren umwandeln. Diese Temperaturen werden aber normalerweise beim Pressen nicht ereicht.

- **Erstpressung**

Der Begriff hat wenig Aussagekraft, weil keine gesetzliche Absicherung oder Empfehlung vorliegt. „Erste Pressung" besagt höchstens, daß das Öl auf mechanische Weise gewonnen wurde.

- **Native Pressung**

Dafür gibt es auch keine gesetzliche Absicherung. Die Kriterien wurden von Naturkostläden aufgestellt und kennzeichnen Öle, deren Rohstoffe aus kontrolliertem biologischen Anbau stammen, ohne Erwärmung mechanisch gepreßt und mit Ausnahme von Filtration nicht nachbehandelt werden.

Als nicht nativ werden jene Öle bezeichnet, die vor dem Pressen geröstet werden und deren Rohstoffe nicht aus kontrolliertem biologischen Anbau stammen.

Die einzige eindeutige Richtlinie in bezug auf Qualität gibt es nur beim Olivenöl

- **EU-Richtlinie zur Olivenöl-Qualität (EWG-VO 1638/98)**

Diese Verordnung schreibt sowohl bestimmte analytische Grenzwerte, als auch das dazugehörende Analyseverfahren vor. Neben der chemischen Analyse wird auch die sensorische Bewertung herangezogen.

a) **Natives Öl extra:** Von höchster Qualität bezüglich Geschmack und Geruch, der Gehalt an freien Fettsäuren, gemessen als Ölsäure, darf höchstens 1 g/100 g Öl betragen.

b) **Natives Öl:** Der Gehalt an freien Säuren darf höchstens 2 g/100 g betragen.

c) **Gewöhnlich natives Olivenöl:** Der Gehalt an freien Säuren darf höchstens 3,3 g/100 g betragen.

d) **Lamptanöl:** Natives Olivenöl, das aufgrund seiner analytischen und sensorischen Mängel nicht zum Verzehr geeignet ist. Es wird deshalb raffiniert und heißt dann

e) **Raffiniertes Öl:** Geruchs- und geschmackloses Öl, das höchstens 0,5 g freie Säuren je 100 g aufweisen darf.

f) **Olivenöl:** Mischung aus raffiniertem und nativem Olivenöl der Kategorie a bis c, nach nicht vorgeschriebenen Verhältnissen. Der Gehalt an freien Säuren darf höchstens 1,5 g/100 g betragen.

g) **Rohes Olivtresteröl:** Wird durch die Extraktion aus den Preßrückständen der Oliven gewonnen. Dies ist nicht zum Verzehr geeignet, muß erst raffiniert werden und heißt dann

h) **Raffiniertes Olivtresteröl:** Geschmacklos und mit beliebigem Anteil von nativen Ölen der Kategorie a bis c gemischt. Dies nennt sich dann

i) **Olivtresteröl**

PFLANZLICHE ÖLE UND IHRE BEDEUTUNG FÜR DEN MENSCHEN

Pflanzliche Fette und Öle haben für den Menschen seit jeher eine große Bedeutung.

Einerseits dienen sie als energiereiche Nahrungsquelle, andererseits werden sie als Heilmittel und zur Körperpflege sowie auch in großen Mengen im technischen Bereich verwendet.

Im naturbelassenen Zustand unterscheiden sich Pflanzenöle sehr stark in Farbe und Geschmack. Weiters unterscheiden sie sich in der Fettsäurezusammensetzung. Diese ist aus ernährungsphysiologischer Sicht von besonderer Bedeutung. Wünschenswert ist ein hoher Anteil an ungesättigten Fettsäuren. Daneben sind auch andere wichtige Bestandteile in Ölen enthalten. Dazu gehören fettlösliche Vitamine, Phytosterine, Lezithin, Flavonoide, Mineralstoffe und Spurenelemente. Einer dieser Bestandteile ist das Vitamin E, es wirkt in den Ölen als Radikalfänger und schützt vor allem die besonders reaktiven mehrfach ungesättigten Fettsäuren vor der Oxidation. Eine ähnliche Wirkung entfaltet Vitamin E im menschlichen Organismus, dort verhindert es die Oxidation der Zellmembran und verzögert somit eine vorzeitige Alterung der Zelle.

Vom jeweiligen Verwendungszweck hängt es ab, welches Öl man benutzen sollte. Deshalb ist es notwendig, die Fettsäurezusammensetzung, die Herstellungsart sowie die anderen Bestandteile des Öles möglichst gut zu kennen. Für die Nutzung der Pflanzenöle ist es auch wichtig, ihre Haltbarkeit zu kennen. Ranzige Öle schmecken nicht nur unangenehm, sie enthalten auch gesundheitsschädliche Bestandteile. In der Regel sollten Öle kühl und dunkel aufbewahrt werden. Aber auch dann sind sie nicht unbegrenzt haltbar.

FETTSÄUREN UND IHR VORKOMMEN IN PFLANZENÖLEN

Unter Fetten und fetten Ölen versteht man die Glycerinester mittlerer und höherer Monocarbonsäuren. Dabei ist jeweils ein Glycerinmolekül mit drei Fettsäuremolekülen verestert. Rein chemisch gesehen steht für diese Reaktion eine große Anzahl an Monocarbonsäuren zur Verfügung. Diese Säuren unterscheiden sich in der Länge ihres Kohlenstoffgerüstes, Anzahl und Stellung der Doppelbindungen sowie in ihrer Konfiguration. Fettsäuren ohne Doppelbindungen bezeichnet man als gesättigt. Das Spektrum der natürlich in Pflanzenölen und -fetten vorkommenden Fettsäuren ist jedoch beschränkt (siehe Tabelle auf der nachfolgenden Seite).

Übersicht über die wichtigsten natürlichen Fettsäuren

Fettsäuren	Chemische Kurzformel	Chemische Bezeichnung	Trivialnamen
gesättigt	C 4:0	Butansäure	Buttersäure
	C 6:0	Hexansäure	Capronsäure
	C 8:0	Oktansäure	Caprylsäure
	C 10:0	Decansäure	Caprinsäure
	C 12:0	Dodecansäure	Laurinsäure
	C 14:0	Tetradecansäure	Myristinsäure
	C 16:0	Hexadecansäure	Palmitinsäure
	C 18:0	Octadecansäure	Stearinsäure
	C 20:0	Eicosensäure	Arachinsäure
	C 22:0	Docosansäure	Behensäure
	C 24:0	Tetracosansäure	Lignocerinsäure
	C 26:0	Hexacosansäure	Cerotinsäure
einfach ungesättigt	C 14:1	9:10 Tetradecensäure	Myristoleinsäure
	C 16:1	9:10 Hexadecensäure	Palmitoleinsäure
	C 18:1	9:10 Oktadecensäure	Ölsäure
	C 18:1	11:12 Oktadecensäure	Vaccensäure
	C 18:1	6:7 Oktadecensäure	Petroselinsäure
	C 20:1	9:10 Eicosensäure	Gadoleinsäure
	C 20:1	11:12 Eicosensäure	Gondosäure
	C 22:1	12:14 Docosensäure	Erucasäure
	C 24:1	15:16 Tetracosensäure	Nervonsäure
zweifach ungesättigt	C 18:2	9:10, 12:13 Octadecadiensäure	Linolsäure
	C 20:2	8:9, 11:12 Eicosadiensäure	
dreifach ungesättigt	C 18:3	9,12,15 Octadecatriensäure	α-Linolensäure
	C 18:3	6,9,12 Octadecatriensäure	γ-Linolensäure
	C 20:3	8,11,14 Eicosatriensäure	
	C 20:3	11,14,17 Eicosatriensäure	
vierfach ungesättigt	C 18:4	6,9,12,15 Octadecateraensäure	Stearidonsäure
	C 20:4	5,8,11,14 Eicosatetraensäure (EPA)	Arachidonsäure
	C 22:4	7,10,13,16 Docosatetraensäure (DHA)	

Fettsäuren	Chemische Kurzformel	Chemische Bezeichnung	Trivialnamen
fünffach ungesättigt	C 20:5	5,8,11,14,17 Eicosapentaensäure	Timnodonsäure
	C 22:5	4,8,12,15,19 Docosapentaensäure	Clupanodonsäure
sechsfach ungesättigt	C 22:6	4,7,10,13,16,19 Docosahexaensäure	Cervonsäure

Wie aus der Tabelle ersichtlich, besitzen sämtliche Fettsäuren ein geradzahliges C-Atom-Gerüst und liegen in cis-Konfiguration vor. In tierischen Fetten können auch Fettsäuren mit ungerader C-Atom-Zahl sowie in geringen Mengen auch Fettsäuren mit trans-Konfiguration vorkommen. Trans-Fettsäuren entstehen auch durch technische Prozesse, z. B. bei Härtung von Pflanzenölen.

Die Anzahl der C-Atome des Kohlenstoffgerüstes liegt für Pflanzenöle zwischen 8 und 24. In tierischen Fetten kommen auch Fettsäuren mit weniger als 8 C-Atomen vor. Ebenfalls begrenzt ist die Zahl der Doppelbindungen. Fettsäuren mit mehr als 3 Doppelbindungen werden nur in Fischölen gefunden. Die bekanntesten Vertreter davon sind EPA (Eicosapentaensäure) und DHA (Docosahexaensäure).

Es ist auch üblich, ungesättigte Fettsäuren nach der Position der ersten Doppelbindung zu bezeichnen. Man spricht dabei von Omega (ω)-3, -6 oder -9 Fettsäuren. Die Ziffer bezeichnet das Kohlenstoffatom mit der ersten Doppelbindung vom Methylende des Moleküls aus gesehen. Die Anzahl der Doppelbindungen spielt dabei keine Rolle. ω-3-Fettsäuren leiten sich von der α-Linolensäure, ω-6-Fettsäuren von der Linolsäure und ω-9-Fettsäuren von der Ölsäure ab. Ernährungsphysiologisch wichtig sind die beiden ersten Gruppen.

AUFGABE UND WIRKUNG DER FETTE IM KÖRPER

Weder Menschen, Pflanzen noch Tiere können ohne Fett leben. Fette enthalten doppelt soviel Energie wie Eiweiße und Kohlenhydrate. Fett hilft beim Aufbau des Körpers und bei der ständigen Erneuerung verbrauchter Zellen. Es liefert auch die Energie für die Muskeltätigkeit und ist mitbestimmend für die Körpertemperatur. Weiters ist Fett auch beim Transport fettlöslicher Vitamine (A, D, E, K) beteiligt. Zusammen mit Phosphor ist es ein wichtiger Bestandteil jeder Körperzelle und bildet die Strukturen von Nerven und Hirngewebe mit aus.

Die feinstoffliche Verteilung der Fette geschieht durch den Kauakt. Durch den Mundspeichel werden sie aus den Gewebezellen herausgelöst und dem Magen anvertraut. Sie werden in Form winziger Tröpfchen transportiert. Da die Fette wasserunlöslich sind, müssen sie in eine wasserlösliche Form übergeführt werden. Das Mittel dafür ist die Gallensäure, die das Fett in eine milchige Flüssigkeit kleinster Tröpfchen umwandelt. Danach werden durch das Enzym Lipase, das in der Bauchspeicheldrüse und in der Darmwand vorkommt, die emulgierten Fette der Nahrung in Fettsäure und Glycerin gespalten. Dann können diese in die Lymphkanäle des Körpers eindringen. Die meisten Fettsäuren sind nicht in der Lage, alleine durch die Darmwand zu gelangen, sondern müssen sich erst mit den alkalischen Substanzen der Galle verbinden. Gleichzeitig tritt das Glycerin der verdauten Fette in die Zellen der Darmwände ein, wo es sich mit der Fettsäure verbindet und erneut Fett entsteht.

Da nicht ständig Energie zugeführt werden kann, gibt es Reservedepots. Der Hauptspeicher der Fette ist die Leber, weiters die Muskeln und die Haut. Eine dünne Fettschicht unter der Haut schützt Muskeln und Nerven. Fett kann im Körper in Zucker und umgekehrt umgewandelt werden, je nach Nahrungsaufnahme und Bedürfnissen des Körpers.

Bestimmte Fettsäuren sind für den Menschen lebensnotwendig. Sie sind für einen normalen Stoffwechselablauf und für die Aktivierung des Stoffwechsels notwendig. Dabei handelt es sich vor allem um die ungesättigten Fettsäuren. Diese sind vorwiegend in pflanzlichen Ölen und Fetten enthalten, weniger in tierischen.

Die natürlichen Fette enthalten neben den Fettsäuren noch lösliche Stoffe, wie Vitamine, Carotine, Phosphatide usw.

Da Fett Bestandteil jeder Zellmembran ist, sind die Fette für den Zellstoffwechsel unabdingbar. Sie wirken bedeutend bei der Sauerstoffübertragung (Oxidation) mit, steigern die Sauerstoffauswertung der inneren Atmung, aktivieren die Enzymvorgänge und sind für die Zellmembranelastizität verantwortlich.

GESÄTTIGTE FETTSÄUREN

Die aus der Nahrung aufgenommenen gesättigten Fettsäuren werden in erster Linie zur Energiegewinnung benutzt. Bei ihnen ist die Länge der Fettsäureketten ausschlaggebend für die Verdaulichkeit. Kurz- (bis 6 C-Atome) und mittelkettige (bis 12 C-Atome) verbrennt der Körper hauptsächlich zur Energiegewinnung. Diese werden nicht als Fett abgelagert. Langkettige gesättigte Fettsäuren (bis zu 24 C-Atome) benutzt der Körper, um die Stabilität der Zellmembran aufzubauen. Sie sind wasserunlöslich und haben die Tendenz Kristalle zu bilden. Deshalb sind sie Gegenspieler der ungesättigten Fettsäuren. Weiters machen sie die Blutplättchen „klebrig", so daß diese dazu tendieren, zusammenzuklumpen und die Arterien zu verstopfen.

UNGESÄTTIGTE FETTSÄUREN

Einfach ungesättigte Fettsäuren (MUFA)

Im Stoffwechsel werden sie hauptsächlich zur Energiegewinnung herangezogen. Bei Bedarf kann der Körper sie aus gesättigten Fettsäuren herstellen. Sie sind im Vergleich zu mehrfach ungesättigten Fettsäuren viel stabiler gegenüber Licht, Sauerstoff und Wärme. Deswegen sind Öle, die einen hohen Anteil dieser Fettsäuren aufweisen, länger haltbar und zum Kochen und Braten besser geeignet. Von allen einfach ungesättigten Fettsäuren ist die Ölsäure für die Ernährung am interessantesten. Sie kommt in den meisten pflanzlichen Ölen vor.

Mehrfach ungesättigte Fettsäuren (PUFA)

Mehrfach ungesättigte Fettsäuren sind Bausteine für viele Zellen unseres Körpers. Sie werden insbesondere zur Synthese von Phospholipiden, Bestandteilen der Zellmembrane, der

Mitochondrien, und von Prostaglandinen benötigt. Sie können vom Körper nicht selbst hergestellt werden und müssen mit der Nahrung aufgenommen werden.

Die bekanntesten essentiellen Fettsäuren sind die doppelt ungesättigte Linolsäure (Omega-6-Fettsäure), die dreifach ungesättigte α-Linolensäure (Omega-3-Fettsäure) und die γ-Linolensäure. Sie sind die Ausgangssubstanzen, aus denen der Körper weitere wichtige längerkettige und hochgradige ungesättigte Fettsäuren bildet.

UMWANDLUNGEN AUS OMEGA-6-FETTSÄUREN

Der Körper kann aus der ihm in der Nahrung zugeführten Cis-Linolsäure, mittels des Enzyms Delta-6-Desaturase, die γ-Linolensäure (GLA) bilden. Diese Umwandlung kann im Körper aufgrund konstitutioneller oder umweltbedingter Faktoren wie z. B. Alter, Streß und Fehlernährung eingeschränkt sein.

GLA ist wiederum eine wichtige Ausgangssubstanz bei der Bildung von Prostaglandinen, die regulierende Wirkung auf Blutdruck, Nervengewebe, Cholesterinspiegel, Entzündungen, Blutzuckerspiegel und viele andere Stoffwechselprozesse haben. Es gibt Hinweise, daß bei vielen Patienten, die unter Neurodermitis und anderen chronischen Hauterkrankungen leiden, die körpereigene Bildung von GLA gestört ist.

Innerlich und äußerlich angewendet hat GLA einen günstigen Einfluß auf trockene, spröde und gereizte Haut. Auch bei hormonell bedingten körperlichen und seelischen Beschwerden von Frauen nach dem Gebären, vor der Periode oder in den Wechseljahren wird durch die Einnahme von GLA oft eine deutliche Verbesserung erreicht.

UMWANDLUNGEN AUS OMEGA-3-FETTSÄUREN

Aus der α-Linolensäure wird die 5-fach ungesättigte Eicosapentasäure (EPA) und die 6-fach ungesättigte Docosahexaensäure (DHA) gebildet. EPA und DHA kommen in Pflanzenölen aus Nüssen und Samen nicht vor.

DHA ist eine im Gehirn und in der Retina des Auges in großen Mengen vorhandene Fettsäure.

Die ω-3- und ω-6-Fettsäuren können sich in ihren wichtigen Funktionen nicht ersetzen. Sie konkurrieren gemeinsam mit den ω-9- und den gesättigten Fettsäuren um ein gemeinsames Enzymsystem, das weitere Umwandlungsschritte ermöglicht.

Man vermutet, daß ω-3-Fettsäuren ca. drei- bis viermal so schnell umgewandelt werden wie ω-6-Fettsäuren. Deswegen brauchen wir ca. dreimal mehr Linolsäure als Linolensäure in der Nahrung, um unseren Körper ausgewogen zu versorgen. In der Regel ist aber der Anteil an gesättigten, ω-9- und ω-6-Fettsäuren im Vergleich zu ω-3 so hoch, daß eher die Synthese zu langkettigen ω-3-Fettsäuren behindert ist.

Hauptlieferanten der ω-6-Fettsäuren sind Pflanzenöle, während ω-3-Fettsäuren vor allem in Fischen enthalten sind. Bis auf Buttersäure, Capronsäure, EPA und DHA lassen sich alle aufgelisteten Fettsäuren in Pflanzenölen und -fetten finden. Fettsäuren mit mehr als 3 Doppelbindungen kommen jedoch nur in sehr geringen Mengen vor. Eine Ausnahme bildet die Stearidonsäure, deren Konzentration in Hanföl etwa 1 % beträgt.

Fette und Öle unterscheiden sich in erster Linie durch ihre Fettsäurezusammensetzung. Ein Fett mit einem hohen Anteil gesättigter Fettsäuren ist bei Raumtemperatur von fester Konsistenz. Auf Grund der Stabilität gesättigter Fettsäuren sind solche Öle relativ hoch erhitzbar und somit zum Braten und Fritieren geeignet. Die wichtigsten Vertreter in der Gruppe der gesättigten Fettsäuren in Pflanzenölen sind die Palmitin- und die Stearinsäure. Pflanzenöle mit einem hohen Prozentsatz an einfach ungesättigten Fettsäuren sind dagegen bei Raumtemperatur flüssig. Diese Fettsäuren gelten aber noch als hinreichend stabil, so daß auch diese Öle stärker erhitzt werden können, bevor mit gravierenden Veränderungen zu rechnen ist. Ein Beispiel dafür ist Olivenöl, das zu über 70 % aus einfach ungesättigten Fettsäuren besteht. Die wichtigste Fettsäure dieser Gruppe ist die Ölsäure. Ihr wird eine herz- und kreislaufschützende Wirkung zugeschrieben. Außerdem soll sie Verdauung und Gallenfluß positiv beeinflussen. Selbst einfach ungesättigte Fettsäuren bewirken eine Senkung des Cholesterinspiegels. Diese Eigenschaft ist bei mehrfach ungesättigten Fettsäuren noch wesentlich ausgeprägter. Öle, deren Hauptbestandteil mehrfach ungesättigte Fettsäuren sind, z. B. Leinöl, sind ebenfalls flüssig und sollten nur kalt verwendet werden, da diese Fettsäuren chemisch instabil sind. Für den menschlichen Organismus ist eine Zufuhr von mehrfach ungesättigten Fettsäuren unerläßlich, da sie als essentiell gelten, d. h. der Körper kann sie nicht selbst produzieren. Ein Beispiel dafür ist die Linolsäure, eine zweifach ungesättigte Fettsäure. Sie ist im menschlichen Stoffwechsel besonders wichtig, da sie der Ausgangspunkt der Prostaglandinsynthese ist. Eine wichtige Rolle dabei spielt die α-Linolensäure, eine dreifach ungesättigte Fettsäure. Diese ist zwar nicht essentiell, sondern wird üblicherweise im Körper durch eine enzymatische Reaktion aus Linolsäure gebildet. Durch falsche Ernährung, Umwelteinflüsse, Krankheiten, aber auch erbliche Veranlagung kann diese Reaktion gestört sein. Eine Zufuhr dieser Fettsäure über die Nahrung kann Abhilfe schaffen. Allerdings enthalten nur wenige Pflanzenöle, z. B. Hanföl, diese Fettsäure in ausreichenden Mengen. Eine weitere dreifach ungesättigte Fettsäure mit therapeutischen Eigenschaften ist die γ-Linolensäure. Sie wirkt entzündungshemmend, unterstützt den Reparaturmechanismus der Zellen und fördert die Fließeigenschaften des Blutes.

DIE ROLLE DER PROSTAGLANDINE (EICOSANOIDE)

Wenn Fettsäuren durch bestimmte Reize aus den Zellmembranen freigesetzt werden, wandelt der Körper durch den Multi-Enzym-Komplex diese Fette in sogenannte Eicosanoide um. Diese sind Gewebshormone, zu denen die Leukotrienen, Prostaglandine und Tromboxane gehören, die eine ganz wichtige Rolle für die Funktion des Blutes und im Stoffwechselgeschehen spielen. Sowohl im positiven wie auch im negativen Sinn. Viele Vorgänge des Stoffwechsels werden mit Hilfe von Hormonen reguliert und gesteuert. Dabei nehmen die Prostaglandine E1 eine Schlüsselfunktion ein. Ein Mensch produziert täglich etwa 1 mg Prostaglandine.

Heute kennt man ca. 14 Arten von Prostaglandinen („Zellhormone"). Sie werden durch Buchstaben gekennzeichnet (PGA, PGB usw. bis PGH) und werden noch in Unterarten eingeteilt. Sie gehören entweder der E Serie (E1, E2, E3) oder der F-Serie (F1, F2, F3) an und unterscheiden sich in ihrer chemischen Struktur und in ihrer Wirkungsweise.

Prostaglandine haben einen Einfluß auf die Blutzirkulation, auf die Haut und das Immunsystem. Einige von ihnen sind zur Regulierung einer immunologischen Gleichgewichtsstörung unerläßlich, andere regulieren die Aktivität der Supressor-T-Lymphozyten. Die vielfältigen Stoffwechseleffekte der Prostaglandine eröffnen auch therapeutische Anwendungsmöglichkeiten.

Es gibt zwei verschiedene Arten von Prostaglandinen, die genau gegenteilige Wirkungen haben. Die der ersten Reihe wirken entzündungshemmend, während die der zweiten Reihe Entzündungen fördern.

Durch Beobachtungen wurde erkannt, daß Eicosanoide, also auch Prostaglandine, die aus der ω-6-Fettsäure Arachidonsäure gebildet werden, förderlich auf verschiedene Krankheitsprozesse wirken, dagegen Vertreter der Eicosanoide, die aus der ω-6-Fettsäure γ-Linolensäure gebildet werden, die entzündlichen Prozesse hemmen. Daraus sieht man, daß es unterschiedliche Effekte bei ein und derselben Fettsäure geben kann.

Damit die Prostaglandine der ersten Reihe (E1) aus der γ-Linolensäure vom Körper bevorzugt gebildet werden, sind Vitamin C, Niacin und das Spurenelement Zink wichtig.

Nur wenn in der Nahrung ausreichend Vitamine und Spurenelemente (Kupfer, Mangan, Zink) vorhanden sind sowie essentielle Fettsäuren in ausreichender Form, geht der Fettstoffwechsel und die Prostaglandinsynthese normal vor sich.

Vereinfachtes Schema der Entstehung der Prostaglandine E1 und E2

Cis-Linolsäure → γ-Linolensäure → Dihomo-γ-Linolensäure → Prostaglandine E1   ↓   Archidonsäure   → Prostaglandine E2

FETTSÄUREGEHALTE DER EINZELNEN PFLANZENÖLE

Man kann aufgrund der Fettsäurezusammensetzung die Pflanzenöle in mehrere Gruppen unterteilen.

Einteilung der Pflanzenöle nach ihren chemischen Zusammensetzungen und dem Verhältnis von mehrfach ungesättigten zu gesättigten Fettsäuren (P/S)

Gruppe	Eigenschaften	Pflanzenart	P/S-Quotient
1	Öle mit sehr hohem Anteil an mehrfach ungesättigten Fettsäuren (>65%), Ölsäure <20 %, meist gute Speiseöle	Distel, Sonnenblumen (normal), Tabak, Hanf, Wildrosen, Königskerzen, Mohn, Leinsamen, Nachtkerzen, Walnuß	> 5.5
2	Öle mit hohem Anteil an mehrfach ungesättigten Fettsäuren (50 bis 65 %), teilweise mit höheren Gehalten an Ölsäure (15 bis 30%)	Weintrauben, Kürbis, Schwarzkümmel, Soja, Borretsch, Weizen	3.8 bis 5.5
3	Öle mit hohen Gehalten an Ölsäure (40 bis 75 %), teilweise geringe Gehalte an mehrfach ungesättigten Fettsäuren (<40 %)	Pistazien, Mandel, Haselnuß, Erdnuß, Aprikosen, Raps, Sonnenblumen (high-oleic)	2.2 bis 3.8
4	Spezialöle mit wenig gesättigten Fettsäuren (<15 %), meist höhere Anteile an Ölsäure, gelegentlich höhere Anteile an seltenen Fettsäuren	Oliven, Avocado, Sanddorn	<1
5	Getreidearten; mittlere Gehalte an Ölsäure (20 bis 40 %), hohe Gehalte an Linolsäure (40 bis 60 %)	Sesam, Weizen, Hafer, Mais, Amaranth, Quinoa	2 bis 6
6	Sonderöle mit hohem Gehalt an seltenen Fettsäuren	Rizinus, Lorbeer	entfällt

Die Tabelle charakterisiert in gewisser Weise auch den Speisewert dieser Öle. Hauptkriterien sind die Gehalte an mehrfach ungesättigten Fettsäuren, an Ölsäure oder sonstigen Fettsäuren bzw. deren Verhältnisse zueinander, ausgedrückt im P/S-Quotienten (P/S=polyunsaturated/saturated-ratio). Grundsätzlich gilt, daß der Speisewert eines Öles um so besser ist, je höher dieser Wert liegt. Allerdings sehen die Referenzwerte der DGE (Deutsche Gesellschaft für Ernährung) ein Verhältnis von 30:40:30 (gesättigt, einfach ungesättigt, mehrfach ungesättigt) in der Gesamtnahrung als ideal an. Im Falle eines starken Fettverzehrs in Form tierischer Fette (ohne Seefische) ist es daher sinnvoll, Pflanzenöle mit hohen Gehalten an mehrfach ungesättigten Fettsäuren ergänzend aufzunehmen.

ÖLE MIT SEHR HOHEN GEHALTEN AN MEHRFACH UNGESÄTTIGTEN FETTSÄUREN

Dazu zählen Pflanzenöle, deren Anteil an mehrfach ungesättigten Fettsäuren sehr groß ist (> 65 %); die Hauptkomponenten sind Linolsäure bzw. im Falle von Lein (und mit Einschränkung auch Wildrosen) α-Linolensäure. Folglich liegt der Anteil an Ölsäure unter 20 %. Die gesättigten Fettsäuren machen etwa 10 % aus, überwiegend als Palmitinsäure. Der P/S-Quotient liegt deutlich über 5,0 mit einem Extremwert von über 11 (Hagebuttenöl) wegen eines sehr geringen Anteiles an gesättigten Fettsäuren.

Fettsäurenzusammensetzung (FS) verschiedener Pflanzenöle dieser Gruppe

Pflanzenöle	gesättigte FS [%]	einfach ungesättigte FS [%]	mehrfach ungesättigte FS [%]	P/S-Wert
Distelöl	9,5	11,3	79,1	8,3
Sonnenblumenöl, „traditionell"	12,3	20,7	66,9	5,4
Hagebuttenkernöl	7,0	13,1	79,8	11,4
Tabaksamenöl	11,6	10,8	77,6	6,7
Königskerzenöl	9,3	16,9	73,7	7,9
Mohnöl	12,4	14,4	73,2	5,9
Nachtkerzenöl	9,4	8,9	81,8	8,7
Walnußöl	10,4	16,4	72,6	7,0
Leinöl	10,8	22,1	67,4	6,2
Hanföl	9,8	12,1	77,7	7,9

Distelöl

Distelöl zählt zu den hochwertigsten Ölen für die menschliche Ernährung, es weist im Vergleich mit anderen Pflanzenölen den höchsten Anteil an Linolsäure (fast 80 %) auf, ein Vorteil bei der Synthese von Prostaglandin. Der Anteil der gesättigten Fettsäuren liegt unter 10 %. Das führt dazu, daß der P/S-Wert mit 8,3 vergleichsweise sehr hoch ist. Nur Hagebuttenkernöl und Nachtkerzenöl liegen in diesem Kriterium höher. Jedoch können diese nicht als übliche Speiseöle bezeichnet werden. Aufgrund dieser Zusammensetzung eignet sich Distelöl auch als Grundstoff für kosmetische Produkte und Diätmargarine. Das Öl ist trotz seines hohen Gehalts an Linolsäure sehr stabil.

Sonnenblumenöl

Bei Sonnenblumenöl muß man grundsätzlich zwei Sorten unterscheiden: „traditionelle" Sorten und „high-oleic" Sorten. In der heimischen Küche wird in der Regel Öl von traditionellen Sorten verwendet. Es ist von hellgelber Farbe und hat im naturbelassenen Zustand einen leichten Nußgeschmack. Hauptkomponenten sind die Linolsäure mit etwa 65 %, Ölsäure mit 20 % und gesättigte Fettsäuren mit 11 %. Der Gehalt an Stearinsäure ist mit 5 % vergleichsweise hoch; Sonnenblumenöl gilt deshalb als gut haltbar. Der Gehalt an Behensäure ist mit 0,7 % ebenfalls sehr hoch. Öl von „HO-Sorten" enthält mit über 80 % soviel Ölsäure wie keine andere Pflanzenart.

Hagebuttenkernöl, Königskerzenöl, Tabaksamenöl

Diese Öle kann man nicht als übliche Speiseöle bezeichnen. Dafür sind die Aufwendungen wegen der geringen Erträge und Ausbeuten oftmals zu hoch. Diese Öle wären schlechthin nicht zu bezahlen, was allerdings nicht für den Einsatz in der Körperpflege oder zu therapeutischen Zwecken gilt. Das Öl der Königskerze enthält 72,9 % Linolsäure und reiht sich damit in die Gruppe der hochwertigen Öle ein; praktische Bedeutung hat es jedoch nicht. Das kaltgepreßte Öl von Hagebutten ist von bräunlicher Färbung, das raffinierte Öl ist farblos. Der hohe Gehalt an α-Linolensäure (33 %) wirkt sehr günstig auf die Regeneration der Haut. Auch aus den Samen der Tabakpflanze läßt sich ein Öl gewinnen. Seine Zusammensetzung (>75 % Linolsäure) weist es als besonders wertvolles Öl aus. Sein typischer Geschmack macht es für die menschliche Ernährung jedoch nicht empfehlenswert.

Mohnöl

Bei Mohnöl handelt es sich um ein hochwertiges Speiseöl von hellgelber Farbe und leicht süßlichem Geschmack; letzterer macht es besonders für Süßspeisen verwendbar. Die Zusammensetzung an Fettsäuren weist Ähnlichkeiten mit Sonnenblumenöl auf, allerdings mit sehr hohem Gehalt an Palmitin- und sehr geringem Gehalt an Stearinsäure.

Nachtkerzenöl

Das Nachtkerzenöl weist einen sehr hohen Gehalt an γ-Linolensäure (10 %) und Linolsäure (71 %) auf. Das Öl ist farb- und geruchlos. Es enthält zwar nur etwa halb so viel γ-Linolensäure wie Borretschöl, besitzt aber dessen Nachteile nicht. Das Öl entspricht in Wirkung und Anwendung dem Borretschöl. Der Anteil an Stearinsäure ist weniger als 2 %.

Walnußöl

Unter den Nußölen nimmt Walnußöl eine Sonderstellung ein. Das hellgelbe Öl mit ausgeprägtem Nußgeschmack enthält 62 % Linolsäure sowie über 10 % α-Linolensäure. Daneben enthält es die Vitamine A, B und E sowie Lezithin und Phosphor in größeren Mengen. Das Öl findet in erster Linie in der Küche Verwendung, abert auch zum Imprägnieren von Holz.

Leinöl

Leinöl findet zwar auch als Speiseöl Verwendung, ist jedoch als Rohstoff in der Industrie weitaus bekannter. Es dient zur Herstellung von Ölfarben und zum Beizen von Holz. Das Öl selbst hat eine gelbe Farbe und schmeckt leicht bitter. Es verharzt sehr schnell. Grund dafür ist seine chemische Zusammensetzung. Leinöl enthält über 50% α-Linolensäure und nimmt in diesem Kriterium die absolute Spitzenstellung ein.

Hanföl

Das Öl ist von hell- bis dunkelgrüner Farbe (je nach Reifezeitpunkt der Körner zur Ernte) und hat einen starken nussigen Eigengeschmack. Es enthält einen hohen Anteil an mehrfach ungesättigten Fettsäuren, darunter bis zu 18 % α-Linolensäure, bis zu 4 % γ-Linolensäure und 50 bis 55 % Linolsäure.

ÖLE MIT HOHEN GEHALTEN AN MEHRFACH UNGESÄTTIGTEN FETTSÄUREN, TEILWEISE HÖHEREN GEHALTEN AN ÖLSÄURE

In dieser Gruppe sind Öle zusammengefaßt, die nicht die extrem hohen Gehalte an mehrfach ungesättigten Fettsäuren aus der ersten Gruppe aufweisen, dafür aber höhere Anteile an Ölsäure haben. Die Anteile an gesättigten Fettsäuren sind ebenfalls deutlich höher. Es handelt sich durchwegs um weniger bekannte Speiseöle, meist sind es solche mit einer speziellen Nutzung.

Fettsäurenzusammensetzung (FS) verschiedener Pflanzenöle dieser Gruppe

Pflanzenöle	gesättigte FS [%]	einfach ungesättigte FS [%]	mehrfach ungesättigte FS [%]	P/S-Wert
Traubenkernöl	10,9	26,5	63,2	5,8
Schwarzkümmelöl	15,7	22,2	62,4	4,0
Borretschöl	15,4	25,5	59,1	3,8
Kürbiskernöl	17,9	33,3	48,7	2,7
Sojaöl	16,2	21,9	61,4	3,8
Weizenkeimöl	18,5	18,6	63,0	3,4

Traubenkernöl

Aus den Rückständen der Traubenkelterung (Kerne) läßt sich ein hochwertiges Speiseöl gewinnen. Der Anteil an mehrfach ungesättigten Fettsäuren ist mit 63 % noch sehr hoch; der Gehalt an Ölsäure ist mit 25 % aber deutlich höher als bei den vorher genannten Ölen.

Handbetriebene Ölpresse für Kleinstmengen

Kleine Schneckenpresse mit Motorantrieb

Hanfpreßkuchen aus einer Schneckenpresse

Hanföl

Rösten der Kürbiskernmaische

Vor dem Rösten wird etwas Wasser zugesetzt

Langsames, schonendes Auspressen des Öles

Kürbiskernöl in ansprechendem Gebinde

Schwarzkümmelöl

Das Schwarzkümmelöl ist dickflüssig, von goldgelber Farbe und hat einen starken Eigengeschmack. Es enthält neben 60 % Linolsäure und 20 % Ölsäure auch nennenswerte Anteile an seltenen Fettsäuren, darunter 2,0 % Eicosensäure, 1,1 % Vaccensäure und 1,0 % Arachinsäure. Das Verhältnis von Öl- zu Linolsäure beträgt 1:3. Weiters enthält es Vitamin E, Phytosterine und bis zu 1,5 % ätherische Öle, das bekanneste davon ist Nigellon.

Kürbiskernöl

Kürbiskernöl wird aus den Kernen des Ölkürbis gewonnen, bekannt aus der Schwerpunktnutzung in der Steiermark. Es ist ein dunkelgrünes, dickflüssiges Öl mit einem intensiven Eigengeschmack, das bis zu 4 % Fettbegleitstoffe, darunter auch Chlorophyll, enthält. Um diese Inhaltsstoffe nicht zu zerstören, sollte es nur kalt verwendet werden. Es enthält knapp 50 % Linolsäure, über 30 % Ölsäure, aber auch 18 % gesättigte Fettsäuren, vor allem Palmitinsäure.

Borretschsamenöl

Borretschöl wird ausschließlich als therapeutisches Öl angewandt, da es mit etwa 20 % γ-Linolensäure einen extrem hohen Gehalt dieser seltenen Fettsäure aufweist. Folglich sind die anderen Ölsäuren in vergleichsweise geringen Mengen enthalten: Linolsäure unter 40 %, Ölsäure unter 20 %. Nachteilig wirkt sich der relativ hohe Anteil an Erucasäure (2,5 %) und Nervonsäure (1,6 %) aus.

Sojaöl

Sojaöl ist das am meisten produzierte Öl der Welt. Es wird als Speiseöl genutzt, findet aber in der Nahrungsmittelindustrie auch Anwendung, z. B. bei der Herstellung von Margarine oder Süßwaren. Naturbelassenes Sojaöl hat einen hohen Lezithingehalt (bis zu 4%). Ebenfalls in Sojaöl enthalten sind Phytosterine, davon etwa 60% Sistosterin. Sojaöl gehört auch zu den wenigen Ölen, die größere Mengen an α-Linolensäure enthalten.

Weizenkeimöl

Aus den Keimlingen der Weizenkörner, die bei der Herstellung von Mehl entfernt werden, um dessen bessere Haltbarkeit zu gewährleisten, kann Weizenkeimöl gewonnen werden. Naturbelassenes Öl ist von rötlicher Farbe und hat einen für Getreide charakteristischen Geschmack. Das Öl enthält neben knapp 60 % Linolsäure noch einen beträchtlichen Anteil an α-Linolensäure (6,2 %). Ein Nachteil ist allerdings der hohe Anteil an gesättigten Fettsäuren (18,5 %), der am höchsten unter allen europäischen Pflanzenölen ist. Allerdings gehört Weizen nicht zu den klassischen Ölpflanzen, was seine Sonderstellung in der Zusammensetzung verständlich macht.

ÖLE MIT HOHEN GEHALTEN AN ÖLSÄURE, TEILWEISE GERINGEN GEHALTEN AN MEHRFACH UNGESÄTTIGTEN FETTSÄUREN

In dieser Gruppe sind mit Raps, Sonnenblumen (HO = high oleic) und Erdnuß solche Arten erfaßt, deren Öle häufig und in großen Mengen genutzt werden. Sie zeichnen sich durch hohe Anteile an Ölsäure (> 40 %) und besonders geringe Gehalte an gesättigten Fettsäuren aus. Aber auch unbekanntere Öle gehören zu dieser Gruppe.

Fettsäurenzusammensetzung (FS) verschiedener Pflanzenöle dieser Gruppe

Pflanzenöle, kaltgepreßt	gesättigte FS [%]	einfach unge-sättigte FS [%]	mehrfach unge-sättigte FS [%]	P/S-Wert
Raps	7,3	64,5	28,8	3,9
Haselnuß	7,3	79,0	14,0	1,9
Erdnuß	16,4	44,8	38,8	2,4
Aprikosenkern	6,4	66,2	27,4	4,3
Mandel	8,5	69,5	21,6	2,5
Sonnenblumen (HO)	8,6	85,3	5,1	0,6
Pistazien	12,7	57,7	29,8	2,4

Rapsöl

Die Bedeutung von Rapsöl lag lange Zeit in seiner technischen Verwendung. Es wird auch heute noch als Hydrauliköl eingesetzt und zu Biodiesel verarbeitet. Aber seit der Züchtung der erucasäurefreien Sorten findet es auch als hochwertiges Speiseöl in der Küche Verwendung und stellt eine gute Alternative zu Olivenöl dar. Charakteristisch ist ein Anteil von 60 % Ölsäure, der nur noch von wenigen Spezialölen (Aprikosen, Mandel, Haselnuß) übertroffen wird und 20 % Linolsäure. Rapsöl besitzt von allen herkömmlichen Speiseölen den geringsten Anteil gesättigter Fettsäuren. Ein weiterer Vorteil ist sein hoher Anteil an α-Linolensäure von 9 %. Neben Vitamin E ist auch das für die Blutgerinnung wichtige Vitamin K sowie Provitamin A enthalten.

Sonnenblumen (HO)

Deutlich anders gegenüber dem herkömmlichen Sonnenblumenöl ist die Zusammensetzung der neuen „high-oleic-Sorten". Sie gleichen dem Olivenöl, sind hoch erhitzbar und somit ideal zum Braten und Fritieren. High-oleic-Sorten wurden speziell zur industriellen Nutzung der Sonnenblumen als Speiseöl und als Rohstoff für Kosmetika gezüchtet.

Erdnußöl

In Europa ist reines Erdnußöl als Speiseöl nicht sehr bekannt. Erdnußöl ist ein klares, farbloses Öl mit leichtem Erdnußgeschmack. Viele Fettbegleitstoffe, darunter Vitamine und

Reinigung der Traubenkerne mittels alter Windsichtung

Traubenkernöl

Mineralstoffe, sowie sein ausgewogenes Verhältnis zwischen Öl- und Linolsäure machen es zu einem ernährungsphysiologisch wertvollen Speiseöl. Der Tocopherolgehalt des Öls liegt bei 38,3 mg/100 ml. Davon entfallen 2/3 auf das biologisch aktive α-Tocopherol, der Rest auf γ-Tocopherol. Bemerkenswert ist auch die Fettsäurezusammensetzung. Die Gehalte an Öl- und Linolsäure unterscheiden sich nur um etwa 3 %. Das Öl enthält über 5 % Fettsäuren mit mehr als 18 C-Atomen, der überwiegende Teil davon liegt als gesättigte Fettsäuren vor. Dies hat zur Folge, daß Erdnußöl bei Temperaturen unter 13 °C fest wird.

Haselnußöl

Haselnußöl hat eine leicht gelbliche Farbe und schmeckt schwach nach Haselnüssen. Bei einem Ölsäuregehalt von über 75 % liegt es fast im Bereich der Öle aus HO-Sonnenblumen und wie diese läßt es sich erhitzen. Außer in der Küche findet dieses Öl auch im kosmetischen Bereich Anwendung. Es enthält eine beträchtliche Menge Vitamin E, sowie Vitamine der B-Gruppe, Spurenelemente und Enzyme.

Mandelöl

Bei Mandelöl sollte man sich immer vergewissern, daß man Öl erhält, das aus Süßmandeln gepreßt wurde. Bittermandelöl darf nur äußerlich angewendet oder in kleinsten Mengen der Nahrung zugesetzt werden. Die Farbe des Öls variiert von farblos bis gelb, sein Geschmack erinnert deutlich an Mandeln. Der Ölsäureanteil beträgt 66,9 %. Es enthält die Vitamine A, B und E sowie viele Mineralstoffe. In der Küche eignet es sich wegen seines

Mandelaromas auch für Süßspeisen. Als Naturheilmittel hilft es bei Magenbeschwerden, Verschleimung der Bronchien und Appetitmangel. Besondere Bedeutung kommt seiner Verwendung in der Kosmetik zu. Es wirkt reizlindernd und eignet sich deshalb zur Herstellung von Pflegeprodukten für empfindliche Haut.

Aprikosenkernöl

Das Aprikosenkernöl kommt in seiner Zusammensetzung und Gebrauch dem Mandelöl sehr nahe. Das Öl wird aus dem Inneren von Aprikosenkernen hergestellt, es hat eine hellgelbe Farbe und einen leichten Marzipangeschmack.

Pistazienkernöl

Pistazienkernöl ist auch mit Mandelöl vergleichbar. Das hellgrüne Öl schmeckt deutlich nach Pistazien. Es wird in der Kosmetik bestimmten Nagelpflegeprodukten zugesetzt. Das Öl enthält nur wenig Tocopherol, dafür aber wichtige Mineralstoffe. Es besitzt allerdings von den drei Ölen den höchsten Anteil an gesättigten Fettsäuren, vor allem Palmitinsäure (11,5%).

SPEZIELLE ÖLE MIT WENIG MEHRFACH UNGESÄTTIGTEN FETTSÄUREN, TEILWEISE HÖHEREN GEHALTEN AN ÖLSÄURE ODER BESONDEREN FETTSÄUREN

Fettsäurenzusammensetzung (FS) verschiedener Pflanzenöle dieser Gruppe

Pflanzenöle, kaltgepreßt	gesättigte FS [%]	einfach ungesättigte FS [%]	mehrfach ungesättigte FS [%]	P/S-Wert
Oliven	17,0	74,2	8,4	0,5
Avocado	20,9	66,6	12,4	0,6
Sanddorn	20,5	67,0	12,4	0,6

Olivenöl

Olivenöl findet sowohl als Speiseöl als auch als Grundstoff für Kosmetik und als Naturheilmittel Verwendung. Das Öl selbst ist dickflüssig, von gelber bis dunkelgrüner Farbe und hat einen charakteristischen Geschmack.

Gepreßt wird es in der Regel aus ganzen Früchten mit Kern, wobei zu beachten ist, daß sich Kern und Fruchtfleisch in der Fettsäurezusammensetzung unterscheiden. Es ist das einzige Öl, für das es in Europa einheitliche Bestimmungen zur Bezeichnung gibt. Olivenöl aus reinem Fruchtfleisch weist einen wesentlich höheren Linolsäuregehalt auf.

Avocadoöl

Eines der besten Hautpflegemittel ist Avocadoöl. Sein Gehalt an Palmitoleinsäure liegt weit über dem bei Pflanzenölen üblichen Wert (10 %), weiters besitzt Avocadoöl einen natürlichen Lichtschutzfaktor. Weitere Bestandteile sind die Vitamine A, E, D, B1 und B2, Lezithin, Carotinoide und Phytosterine. Der α-Tocopherolgehalt beträgt 11,8 %, ähnlich wie bei Sojaöl. Das leicht hellgrün gefärbte Öl hat einen neutralen Geschmack. Der Ölsäureanteil liegt bei etwa 50 %, sein Anteil an mehrfach ungesättigten Fettsäuren nur bei 12 %; es ist somit erhitzbar und zum Braten geeignet.

Sanddornöl

Sanddornöl ist ein ausgesprochenes Spezialöl. Es wird aus den Beeren des Sanddornstrauches gewonnen. In Rußland wird es bereits als Arzneimittel betrachtet. Das Öl selbst besitzt eine intensiv orangerote Farbe und schmeckt fruchtig. Es enthält eine große Anzahl von Fettbegleitstoffen, wie Vitamin E, Carotinoide, Flavonoide und Sterine. Ein weiteres Plus ist seine große Menge an Palmitoleinsäure (11 %), die es zu einem hervorragenden Mittel bei der Behandlung von Hauterkrankungen macht. Weiterhin schreibt man dem Öl eine das Immunsystem stärkende Wirkung zu.

GETREIDEARTEN: MITTLERE GEHALTE AN ÖLSÄURE, HOHE GEHALTE AN LINOLSÄURE

Fettsäurenzusammensetzung (FS) verschiedener Pflanzenöle dieser Gruppe

Pflanzenöle	gesättigte FS [%]	einfach ungesättigte FS [%]	mehrfach ungesättigte FS [%]	P/S-Wert
Hafer	19,3	36,1	44,6	2,3
Kammut	19,7	18,2	61,4	3,1
Mais	13,2	26,9	59,4	4,4
Sommerweizen	17,6	16,7	65,8	3,7
Sommergerste	23,1	16,5	60,0	2,6

Getreide enthält üblicherweise nur geringe Mengen an Öl. Angesichts der Tatsache, daß Getreide und Getreideprodukte einen wesentlichen Anteil an der menschlichen Nahrung ausmachen, ist deren Zusammensetzung an Fettsäuren durchaus von Interesse. Auffallend ist ein relativ hoher Gehalt an gesättigten Fettsäuren, insbesondere bei den klassischen Arten Weizen, Hafer, Gerste. Dem steht ein geringer bis sehr geringer Gehalt an Ölsäure gegenüber; der Gehalt an Linolsäure ist sehr hoch.

SONDERÖLE MIT HOHEN GEHALTEN AN SELTENEN FETTSÄUREN

Es gibt einige Ölpflanzen, deren Öle sich ganz erheblich von denen unterscheiden, die in Europa üblicherweise angebaut werden. Sie enthalten entweder sehr hohe Anteile an gesättigten oder von sehr seltenen Fettsäuren. Sie sind somit besonderen Nutzungen vorbehalten.

Fettsäurenzusammensetzung (FS) verschiedener Pflanzenöle dieser Gruppe

Pflanzenöle	gesättigte FS [%]	einfach ungesättigte FS [%]	mehrfach ungesättigte FS [%]
Rizinus	3,1	4,6	5,5
Lorbeer	44,8	29,4	25,1

Rizinusöl

Rizinusöl hat nur therapeutische und technische Bedeutung. Es wird aus den giftigen Samen der Rizinuspflanze gewonnen. Die Giftstoffe „Rizin und Rizinin" müssen aus dem Öl entfernt werden, ehe es zur Anwendung kommen kann. Oral angewandt gilt es als starkes Abführmittel. Verantwortlich dafür ist die Rizinolsäure, eine Hydroxifettsäure, die zu über 80 % in diesem Öl enthalten ist. Durch äußerliche Anwendung des Öls lassen sich Schuppen, Narbenbildung, Altersflecken und Hämorrhoiden behandeln. Das Öl weist einen hohen Tocopherolgehalt von 70 mg/100 g Öl auf.

Lorbeeröl

Lorbeeröl ist ein dunkelgrünes Öl von dickflüssiger Konsistenz und riecht intensiv nach Lorbeer. Dieses Öl ist nur für den äußeren Gebrauch gedacht. Es soll rheumatische Beschwerden lindern. Seine Zusammensetzung weist eine Besonderheit auf. Laurin-, Palmitin-, Öl- und Linolsäure liegen in etwa gleichen Anteilen (je 20 %) vor. Sein Tocopherolgehalt beträgt 52 mg/100 g Öl.

VERÄNDERUNG DER PFLANZENÖLE

Öle für den täglichen Gebrauch sind Umwelteinflüssen wie Licht, Temperatur oder Sauerstoffkontakt ausgesetzt. Durch die Entstehung freier Radikale können gesundheitsschädigende Verbindungen entstehen. Die freien Fettsäuren im Öl nehmen zu; das Öl wird ranzig und ist für den Verzehr nicht mehr geeignet. Öle mit einem hohen Anteil an ungesättigten Fettsäuren sind von diesen Reaktionen besonders betroffen, da diese Fettsäuren als reaktionsfreudig und somit als chemisch instabil gelten.

Einfluß der Lagerzeit und Lichteinwirkung

Die Empfehlung der Hersteller von Pflanzenölen lautet generell, das Öl kühl und dunkel aufzubewahren. In vielen Haushalten ist dies aber nicht möglich, Öl wird dort in lichtdurchlässigen Flaschen und bei Raumtemperatur gelagert. Durch häufiges Öffnen der Flaschen oder durch undichte Verschlüsse kommt das Öl zudem in ständigen Kontakt mit Luftsauerstoff.

Längere Lagerung, Lichteinwirkung, aber vor allem Sauerstoffkontakt führt zum Ranzigwerden der Öle. Je mehr ungesättigte Verbindungen eine Fettsäure hat, desto deutlicher macht sich dieser Effekt bemerkbar. Ein hoher Tocopherolgehalt kann das Öl über längere Zeit, auch wenn es hell und bei Raumtemperatur gelagert wird, vor Oxidation schützen, jedoch nicht bei ständigem Sauerstoffkontakt.

Einfluß durch Erhitzung

Eine weitere Möglichkeit, die Oxidation von Fettsäuren zu bewirken, ist der Einfluß von Temperatur in Kombination mit Luftsauerstoff. Die Veränderung durch das Erhitzen läuft dabei keineswegs bei allen Ölen in gleicher Weise ab. Zwar zeigt sich bei fast allen Ölen eine Zunahme der Palmitinsäure (Ausnahme: Traubenkernöl), das Ausmaß ist aber sowohl absolut, als auch relativ gesehen, sehr unterschiedlich. Die größten Zunahmen ergeben sich bei Mohn-, Oliven- und Erdnußöl.

Auch die Ölsäure nimmt, mit der Ausnahme von Olivenöl, in gewissem Umfange zu, während die Linolsäure meist deutlich abnimmt. Am stärksten ist das bei Haselnuß-, Oliven- und Rapsöl der Fall, obgleich der absolute Gehalt nicht sehr hoch ist. Als deutlich „stabiler" erweisen sich Traubenkern-, Weizenkeim- und Hanföl. Die Temperaturerhöhung auf 250 °C führt bei allen Ölen zu einer mehr oder minder großen Änderung der Fettsäuregehalte. Bis etwa 150 °C verändern sich die Fettsäuregehalte nicht merklich, erst darüber wirkt sich der Einfluß der Erhitzung aus, dies hat auch damit zu tun, daß ab diesen Bereich kaum noch Tocopherole nachweisbar sind.

Allen Ölen gemeinsam ist die Zunahme der gesättigten und eine Abnahme der mehrfach ungesättigten Fettsäuren. Die Konzentration der einfach ungesättigten Fettsäuren nimmt ebenfalls zu, Ausnahmen sind Oliven- und Borretschöl. Für Olivenöl ist sogar eine leichte Abnahme zu verzeichnen, bei Borretschöl bleibt ihre Konzentration konstant.

TOCOPHEROLGEHALTE VON PFLANZENÖLEN

Wie schon erwähnt, verändern sich Öle mit einem hohen Anteil an mehrfach ungesättigten Fettsäuren durch Autoxidation. Geschmack, Farbe und Struktur ändern sich, ebenso die Fettsäurezusammensetzung. Diesem Prozeß wirken Antioxidantien entgegen, insbesondere Tocopherole, von denen vier Formen zu unterscheiden sind. Den besten Schutz des Öles vor Oxidation bietet das γ-Tocopherol, im Stoffwechsel selbst ist jedoch das α-Tocopherol von größter Bedeutung.

Die einzelnen Ölarten enthalten Tocopherole in sehr unterschiedlicher Menge, auch im Verhältnis der jeweiligen Formen zueinander. Weizenkeimöl weist mit knapp 200 mg/l Öl den höchsten Gehalt auf, zu etwa 75 % aus α-Tocopherol. Diese Menge an Tocopherol wird generell bei Zusätzen zu raffinierten Ölen angestrebt. Mit deutlichem Abstand folgen Sojaöl, Hanföl und Borretschöl, Maiskeimöl, die zwischen 80 und 100 mg/l enthalten. Die in der heimischen Küche besser bekannten Öle aus Sonnenblumen, Raps und Lein weisen nur mittlere Mengen zwischen 40 und 60 mg/l auf.

Bei einer Erhöhung der Temperatur auf 50 °C nimmt der Tocopherolgehalt schon relativ stark ab, sehr gravierend bei 100 °C. Dies gilt aber nicht für alle Tocopherolformen in gleicher Weise.

ANDERE WICHTIGE BEGLEITSTOFFE IN PFLANZLICHEN ÖLEN

Neben den Gehalten an Fettsäuren sind in Pflanzenölen auch noch deren Nebenbestandteile bzw. anderen Eigenschaften wichtig und bestimmen die Eignung für spezifische Nutzungen. Für Speiseöle sind das Temperaturverhalten und der Geschmack von Bedeutung, während für kosmetische und therapeutische Anwendungen weitere Ölbestandteile berücksichtigt werden müssen. Für industriell genutzte Öle spielen physikalische Eigenschaften, z. B. Viskosität, eine große Rolle; ausreichende und jederzeit verfügbare Mengen sowie gleichbleibende Qualität sind in jedem Falle Voraussetzung für eine praktische Bedeutung am Markt.

Öl- und/oder Linolsäure sind in fast allen Ölen in großen Mengen enthalten. Seltenere Fettsäuren, wie α- und γ-Linolensäure oder Palmitoleinsäure, kommen nur in wenigen Ölen in nennenswerten Mengen vor. Daß Pflanzenöle die Vitamine A, D, K und vor allem E enthalten, liegt in der Natur der Sache („fettlösliche Vitamine"). Allerdings unterscheiden sich die einzelnen Pflanzenarten auch diesbezüglich ganz erheblich. Bei den aufgeführten Vitaminen handelt es sich neben Vitamin E um die fettlöslichen Vitamine A, D und K sowie die wasserlösliche B-Gruppe.

Bis auf Tabaköl wurden in allen Ölen nennenswerte Mengen an Vitamin E gefunden. Die anderen Öle enthalten die Vitamine in sehr unterschiedlichen Mengen. Als besonders

Die verschiedenen Pflanzenöle unterscheiden sich nicht nur in ihrem Geschmack, sondern auch meist in ihrer Farbe

vitaminreich sind Walnuß- und Avocadoöl anzusehen, aber auch Kürbiskernöl und Sojaöl enthalten noch mehrere Vitamine. Ein Zusammenhang zwischen Vitamingehalt und Fettsäurezusammensetzung besteht jedoch nicht. Dies gilt auch für alle anderen Komponenten.

Neben diesen Bestandteilen enthalten Pflanzenöle noch eine Vielzahl anderer Verbindungen. Darunter fallen Aminosäuren, wie das Cucurbitin in Kürbiskernöl, oder ätherische Öle, wie das Nigellon in Schwarzkümmel. Vereinzelt finden sich auch Squalen, Chlorophyll, Saponine oder Schleimstoffe in den Ölen. Dies gilt aber nur dann, wenn es sich um naturbelassene Öle handelt. Bei raffinierten Ölen wird ein großer Teil dieser Verbindungen entfernt oder zerstört. Der therapeutische und ernährungsphysiologische Nutzen der Öle hängt somit auch von ihrer Herstellung ab. Carotinoide sind wirksame Antioxidantien, sie ähneln in ihrer Wirkung dem Vitamin A. Neben dem bereits genannten Avocadoöl ist es auch in Lein-, Sonnenblumen- und einigen Spezialölen (Sanddorn-, Traubenkern-, Schwarzkümmelöl) enthalten. Die Flavonoide gehören zur Gruppe der Phytophenole. Es handelt sich dabei um zumeist gelbe Pflanzenfarbstoffe. Ein wichtiger Vertreter dieser Gruppe ist das Procyanidin, eines der stärksten bekannten Antioxidantien, das in Traubenkernöl zu finden ist.

Phytosterine weisen chemisch gesehen eine ähnliche Struktur wie Cholesterin auf, ohne dessen negative Wirkungen zu haben. Sie sind in einer Reihe von Pflanzenölen enthalten. Zur Gruppe der Phytoöstrogene zählt man Lignane und Isoflavonoide. Bekannt ist Sesamin, ein Antioxidans, das in Sesamöl zu finden ist. Viele Öle enthalten auch Mineralstoffe und Spurenelemente, wenngleich diese in der Ernährung gegenüber den Gehalten in anderen Pflanzenteilen (Blätter, Stengel usw.) untergeordnete Bedeutung haben. Auffallend ist, daß ein hoher Anteil an Palmitoleinsäure nur bei Ölen mit Ölsäure als Hauptkomponente gefunden wird. Gleiches findet man für γ-Linolensäure und Linolsäure. Während man α-Linolensäure sowohl bei Ölen mit Ölsäure als auch mit Linolsäure als Hauptkomponente findet. Von allen Begleitstoffen ist lediglich Lezithin als Rohstoff in der Nahrungsmittelindustrie von nennenswerter Bedeutung. Es wird vor allem bei den klassischen, kaltgepreßten Speiseölen gefunden.

VERWENDUNGSZWECKE PFLANZLICHER ÖLE

Die Hauptverwendungszwecke von Pflanzenölen sind ihr Einsatz als Nahrungsmittel (Küche) oder die äußerliche Anwendung in der Kosmetik und Naturheilkunde. Einige Öle werden auch zu therapeutischen Zwecken eingesetzt.

Einsatzmöglichkeiten von Pflanzenölen in der Küche

Ölart	Kalte Küche	Dünsten	Braten	Fritieren	Als Gewürz
Aprikosenkern	+				
Avocado	+	+	+		
Borretsch					+
Distel	+	+			
Erdnuß	+	+	+	+	
Hanf	+	+			
Haselnuß	+	+	+		+
Kürbiskern	+				+
Leinsamen	+				
Maiskeim	+	+	+	+	
Mandel	+				
Mohn	+	+			
Olive	+	+	+		
Pistazie	+				
Raps	+	+	+		
Schwarzkümmel					+
Soja	+	+	+	+	
Sonnenblumen	+	+	+	+	
Tabaksamen	+				
Traubenkern	+	+			
Walnuß	+				+
Weizenkeim	+				

Abgesehen von einigen Spezialölen (Lorbeer, Rizinus, Nachtkerze, Sanddorn, Hagebutten) eignen sich die meisten Pflanzenöle als Speiseöl. Dabei überwiegt ihr Einsatz in der kalten Küche. Öle mit einem hohen Anteil an mehrfach ungesättigten Fettsäuren sollten grundsätzlich nur kalt benutzt werden. Für die Verwendung zum Dünsten, Braten oder gar Fritieren sollten nur raffinierte Öle bzw. von ausgewählten Pflanzen eingesetzt werden (Soja, Sonnenblumen).

Manche Öle weisen einen starken Eigengeschmack auf. Sie lassen sich bevorzugt zum Würzen der Speisen oder nur in geringen Mengen benutzen (Borretsch, Schwarzkümmel, Hanf, Kürbiskern).

Pflanzenöle werden auch schon lange zur Konservierung von Lebensmitteln verwendet. Bekannte, in Öl eingelegte Produkte sind Thunfischstücke, Anchovis, Ziegenkäse, Artischockenherzen, Oliven und getrocknete Tomaten.

Wichtig ist die richtige Auswahl des zu konservierenden Lebensmittels, da es nicht zuviel Wasser enthalten darf. Das geschieht bei Oliven und Zitronen durch Salzen, bei Muscheln durch Kochen. Schaf- und Ziegenkäsesorten müssen hingegen nicht vorbehandelt werden.

Die ausgewählten Ausgangsprodukte werden in ein verschraubbares Gefäß mit breitem Hals eingelegt und mit Öl übergossen, bis alles bedeckt ist. Dafür verwendet man Olivenöl, Sonnenblumenöl bzw. Mischungen von zwei Ölsorten. Hingegen soll man weniger robuste Öle (Nußöle) vermeiden, da sie schlecht halten. Nach Verschließen des Glases lagert man es an einem dunklen kühlen Ort und läßt es eine Woche lang ziehen.

Immer beliebter werden aromatisierte Öle. Dabei werden Öle mit Kräutern, Gewürzen, Muscheln, Pilzen, Trüffeln oder ätherischen Ölen versetzt. Diese Öle eignen sich nicht zum Kochen, sondern werden am Ende der Kochzeit hinzugefügt, damit ihr Aroma nicht zerstört wird.

Dazu gibt man Kräuter oder getrocknete Tomaten in Öl und kocht sie acht Stunden bei geringer Hitze im Wasserbad oder läßt sie an einem warmen Ort drei Wochen stehen, wobei man täglich schüttelt. Dafür geeignet sind geschmacksneutrale Öle (Erdnußöl) oder solche mit leichtem Eigengeschmack (Oliven-, Sonnenblumen-, Distel-, Maiskeimöl).

Anwendung und Rezepte

Einsatzmöglichkeiten von Pflanzenölen in Kosmetik und Therapie

Ölart	Kosmetik			Therapie		
	Haut-pflege	Haar-pflege	Grund-stoff	Schmerz-lindernd	Zellrege-nerierend	Entzün-dungs-hemmend
Aprikosenkern	+					
Avocado	+	+	+	+	+	
Borretsch	+		+	+		
Distel	+		+			
Erdnuß	+		+			
Hagebutten	+				+	
Hanf	+		+			
Haselnuß	+		+			
Kürbiskern				+		
Leinsamen				+	+	+
Lorbeer				+		+
Maiskeim	+	+		+		
Mandel	+	+	+	+		
Olive	+	+		+	+	+
Pistazie	+					
Rizinus	+	+	+		+	+
Sanddorn	+				+	
Soja	+			+	+	
Sonnenblumen	+			+		
Traubenkern	+		+			
Walnuß		+		+		
Weizenkeim	+		+		+	

Bei der äußerlichen Anwendung kann man den Bereich der Kosmetik und der therapeutischen Einreibung unterscheiden. Man kann Öle direkt als Haut- oder Haarpflegemittel verwenden oder sie als Grundstoff zur Herstellung von kosmetischen Produkten benutzen. Einzelne Öle wirken schmerzlindernd, entzündungshemmend oder zellregenerierend. Sie helfen bei Sonnenbrand, Narbenbildung, Entzündungen, Hautausschlägen usw.

Anwendung und Rezepte

Wirkungen von Pflanzenölen in der Naturheilkunde
a) Magen, Darm, b) Herz, Kreislauf, c) Leber, Galle, d) Atemwege, e) Haut, f) Stoffwechel, g) Immunsystem, h) Depression, i) Rheuma, j) Nieren, Blase

Ölart	a	b	c	d	e	f	g	h	i	j
Borretsch		+			+		+	+		
Distel		+			+	+				
Hanf	+	+			+		+	+		
Kürbiskern										+
Leinsamen	+	+	+	+	+	+			+	
Maiskeim		+			+					
Mandel	+			+						
Nachtkerze		+	+		+					
Olive	+	+	+	+	+	+				
Raps		+								
Rizinus	+									
Sanddorn					+					
Schwarzkümmel	+		+	+					+	+
Soja	+	+					+			
Sonnenblumen		+		+	+		+			
Traubenkern		+								
Walnuß			+	+		+				
Weizenkeim		+			+		+			

Die in der Naturheilkunde beobachteten Wirkungen der Pflanzenöle sind sehr unterschiedlich. Einige Pflanzenarten (Lein, Olivenöl) haben breit gestreute Wirkungen. Andere hingegen haben sehr begrenzte, spezielle Wirkungen, z. B. Kürbiskern auf Niere und Blase, Sanddorn auf die Haut, Raps oder Traubenkern auf Herz und Kreislauf. Viele Öle wirken dagegen auf einige Organe in gleicher Weise, z. B. auf Herz/Kreislauf oder auf die Haut.

Öltücher: Werden vor allem bei Gelenk- und Muskelbeschwerden angewendet. Dabei werden Papiertaschentücher in eine möglichst in der Größe passende Dose gelegt und mit dem Ölauszug übergossen. Die Tücher werden so lange umgeschichtet, bis das Öl aufgesaugt ist (100 ml Öl reichen für 10 Papiertaschentücher). Die Dose wird gut verschlossen. Bei Bedarf wird das Öltuch auf die schmerzende Stelle gelegt, mit einem kleinen Frotteetuch abgedeckt, mit einer Bandage fixiert und mindestens zwei Stunden oder über Nacht dort belassen. Dies wird so lange angewendet, bis die Beschwerden abgeklungen sind.

Ölziehkur: Zur inneren Reinigung und zur Festigung des Zahnfleisches wird diese Kur über mehrere Wochen durchgeführt. Dazu nimmt man morgens vor dem Frühstück 1 Eß-

Anwendung und Rezepte

löffel Sesam- oder Sonnenblumenöl in den Mund und „kaut" es für ca. 15 Minuten. Entsteht nach einiger Zeit ein bitterer Geschmack, so wird das Öl schon vorher ausgespuckt. Nach dem Ausspucken wird der Mund mit warmem Wasser ausgespült und danach werden die Zähne geputzt.

Neben den genannten Verwendungsmöglichkeiten gibt es eine Anzahl technischer Anwendungen. In der Nahrungsmittelindustrie dienen Pflanzenöle als Rohstoff zur Margarineherstellung. Dies gilt vor allem für Sonnenblumen-, Raps-, Soja- und Erdnußöl. Distelöl wird zur Herstellung von Diätmargarine benutzt. Aus Rapsöl lassen sich auch Biodiesel und Schmierstoffe herstellen. Leinöl ist ein gesuchter Grundstoff der Farbenherstellung und die High-Oleic Sorten der Sonnenblume finden in der Oleochemie Verwendung.

ANWENDUNGEN DER WICHTIGSTEN ÖLE

APRIKOSENKERNÖL

Das Öl ist besonders für reife oder empfindliche Haut geeignet. Pur kann es auch als Make-up-Entferner verwendet werden. Es ist reich an Enzymen und wirkt leicht antibakteriell. Generell ist dieses Öl für jeden Hauttyp geeignet, besonders profitieren davon trockene und empfindliche Hauttypen, die zu frühzeitigen Alterserscheinungen neigen.

AVOCADOÖL

Es ist ein grünes, vitaminreiches (A, B, D, E) Öl. Kombiniert mit Olivenöl gibt es eine feine Seife, die auch gerne für Babys verwendet wird. Avocadoöl wird von der Haut sehr schnell und gut absorbiert, ist ein effizientes Trägeröl und durch den weichmachenden Effekt die ideale Wahl zum Überfetten von Seifen. Avocadoöl gibt einen feinen, cremigen Schaum.

In der Küche wird es als aromatisierendes Öl und zur Herstellung von Mayonnaisen verwendet.

KOSMETIK

TAGESCREME

20 ml Avocadoöl, 20 ml dest. Wasser, 2,5 g Bienenwachs, 1,5 ml Cetylalkohol, 1 g Kakaobutter, 5 g Lanolin

In einem Becherglas werden als Ölphase 1 g Kakaobutter, 2,5 g weißes Bienenwachs, 1,5 ml Cetylalkohol und 5 g Lanolin im Wasserbad unter Rühren mit einer Holzspachtel geschmolzen. Dazu werden 20 ml Avocadoöl gegeben und weiter unter Rühren erwärmt, bis eine klare Fettschmelze entsteht. Danach werden portionsweise 20 ml destilliertes Wasser, das vorher erwärmt wurde, unter stetigem Rühren zugegeben. Man rührt weiter, bis die

Masse abgekühlt ist. Die weiße Creme wird in einen Cremetopf abgefüllt und ist zum baldigen Verbrauch bestimmt.

Tages- bzw. Regenerationscreme für empfindliche Haut

7,5 ml Avocadoöl, 2,5 g Lanolinanhydrid, 0,75 g Kakaobutter, 0,75 g Bienenwachs, 10 g Orangenblütenwasser

Auf dem kochenden Wasserbad werden Lanolinanhydrid, Bienenwachs und Kakaobutter geschmolzen. Dann wird Avocadoöl hinzugefügt und auf 60 °C erwärmt. Getrennt davon wird Orangenblütenwasser auf 60 °C erwärmt. Beide Mischungen werden vom Feuer genommen, zusammengeschüttet und mit dem Mixer gerührt, bis die Creme auf Handwärme abgekühlt ist. Nach Lust fügt man 1 bis 2 Tropfen Lavendel- oder Melissenöl hinzu und mixt weiter, bis die Creme kalt ist.

Borretschöl

Dieses Öl ist dem Hautfett sehr ähnlich und eignet sich gut zur Hautpflege. Es kann sowohl innerlich als auch äußerlich angewendet werden. Es wird bei Schmerzen, Unruhe, Schlaflosigkeit, Hautproblemen und Nervosität eingesetzt und hat ähnliche Eigenschaften wie Nachtkerzenöl und Schwarzkümmelöl. Wie schon erwähnt, enthält dieses Öl bis zu 24 % γ-Linolensäure.

Ein ausgeglichener Hormonhaushalt ist vor allem für Frauen sehr wichtig. Manche Frauen leiden ab dem 10. Tag vor Beginn ihrer Periode an unangenehmen körperlichen und seelischen Beschwerden, dem Prämenstruellen Syndrom (PMS).

Man vermutet, daß Frauen mit PMS einen γ-Linolensäure-Mangel haben, wodurch ein Überschuß am weiblichen Hormon Prolactin entsteht. Es ist bekannt, daß γ-Linolensäure Stoffwechselschwankungen ausgleichen und die Voraussetzungen für einen wirksamen Selbstschutz des Körpers gegen die monatlichen Beschwerden schaffen kann. Borretschöl hat auch vielen Frauen bei hormonell bedingten Depressionen in den Wechseljahren geholfen.

Distelöl

Die Samen der Distel enthalten ca. 25 bis 35 % Öl, das den höchsten Gehalt (ca. 75 %) an essentiellen, mehrfach ungesättigten Fettsäuren (Linolsäure) aller Ölpflanzen aufweist. Damit empfiehlt es sich auch als vorzügliches diätisches Nahrungsmittel.

Neben verschiedenen Vitaminen, Proteinen und Mineralien enthält es ca. 1 % Unverseifbares.

Ein dünnflüssiges Öl, mit leicht nussigem Geruch und neutralem Geschmack. In kosmetischen Präparaten wird es in hautlindernden Emulsionen und Pflegeölen für die Augenpartie eingesetzt. Empfohlen wird auch der Einsatz als Massageöl bei Verstauchungen, Quetschungen, entzündeten Gelenken und rheumatischen Beschwerden.

Die hautpflegenden Eigenschaften des Öls können durch Zufügen ätherischer Öle gezielt auf den individuellen Hauttyp abgestimmt werden.

Anwendung und Rezepte

Gesundheit

Allgemeine Kopfschmerzen
1 Teil Distelöl und 1 Teil Pfefferminzöl werden vermischt und die Stirn und Schläfe leicht damit massiert.

Bei Einschlafstörungen
1 TL Distelöl wird mit 3 bis 4 Tr. Lavendelöl versetzt, diese Mischung wird auf Brust und Hals verrieben.

Bei Fieber
3 TL Distelöl werden mit 10 Tr. Pfefferminzöl versetzt. Damit werden die Unterschenkel eingerieben und bei Bedarf zusätzlich Wadenwickel mit kaltem Wasser gemacht.

Badeöle
Die jeweiligen Ausgangsbestandteile werden gemischt und in die gefüllte Wanne gegossen.

Gegen Depression und schlechte Laune
30 ml Distelöl, 15 Tr. Grapefruitöl, 5 Tr. Sandelholzöl, 10 Tr. Bay

Gegen Erschöpfung, Morgenmuffeligkeit und Müdigkeit
30 ml Distelöl, 20 bis 30 Tr. Rosmarinöl, 10 Tr. Grapefruitöl

Gegen Bluthochdruck und Entspannung
50 ml Distelöl, 20 Tr. Lavendelöl

Gegen Einschlafstörungen
30 ml Distelöl, 20 bis 30 Tr. Lavendelöl, 5 Tr. Sandelholzöl

Gegen Frieren
30 ml Distelöl, 15 Tr. Bay, 10 Tr. Rosmarinöl

Kosmetik

Make-up-Entfernung
Das Gesicht mit Distelöl einölen und das Make-up danach mit einem weichen Tuch oder Watte abreiben.

Wimperntusche-Entfernung
Um wasserfeste Wimperntusche zu entfernen, tropft man Distelöl auf einen Wattepad und wischt diese bei geschlossenen Augen ab.

Anwendung und Rezepte

KÜCHE

GEWÜRZÖL

500 ml Distelöl, 3 Lorbeerblätter, 2 Pfefferoni, 1 bis 2 Zweige Thymian oder Rosmarin, eine geschälte Mandel

Die Lorbeerblätter, Pfefferoni und die Mandel in eine leere Flasche geben, die Zweige vorsichtig dazustecken. Mit Öl auffüllen und einige Wochen stehenlassen.

GURKENSALAT

1 Salatgurke, 4 EL Distelöl, 2 EL Apfelessig, 1 EL Dillspitzen, Kräutersalz nach Geschmack

Öl und Essig in ein Glas mit Deckel füllen, cremig schütteln und mit Dill und Kräutersalz abschmecken. Die Salatgurke schneiden und mit der Salatsauce anrichten.

ERDNUSSÖL

Ein relativ stabiles Öl, das schon seit über hundert Jahren zur Seifenherstellung verwendet wird. Da es nur sehr langsam in die Haut einzieht, eignet es sich vor allem als Basis von Massageölen, bei Arthritis und bei Sonnenbrand. Es wird von allen Hauttypen gut vertragen, jedoch in der Kosmetik wegen der geringen Spreitfähigkeit und des typischen Geruchs nur selten verarbeitet.
Hinweis: In seltenen Fällen kann Erdnußöl Allergien auslösen!

Durch den hohen Anteil an einfach ungesättigter Fettsäure ist das Öl hoch erhitzbar. Deshalb ist es zum Braten und Fritieren geeignet.

GESUNDHEIT

MASSAGEÖLE

GEGEN ORANGENHAUT
1 TL Erdnußöl, 2 Tr. Grapefruitöl
Beides mischen und die betroffenen Hautflächen damit massieren.

GEGEN BLASENENTZÜNDUNG
1 TL Erdnußöl, 3 Tr. Sandelholzöl
Beides mischen, den Unterleib damit massieren und dabei viel trinken.

GEGEN VERDAUUNGSSCHWÄCHE, VERSTOPFUNG
2 TL Erdnußöl, 2 Tr. Pfefferminzöl, 2 Tr. Rosmarinöl
Den ganzen Bauchbereich im Uhrzeigersinn massieren. Das Erdnußöl erleichtert die Massage, die ätherischen Öle regen die Durchblutung an. Je nach Intensität der Beschwerden soll die Massagezeit zwischen 10 und 20 min liegen.

Anwendung und Rezepte

KOSMETIK

Trägt man das Erdnußöl pur auf die Gesichtshaut auf, schützt es diese bei kaltem Wetter.

KÜHLENDE MASSAGE NACH DEM SONNENBAD
1 bis 2 EL Erdnußöl, 5 bis 10 Tr. Pfefferminzöl

LAVENDELCREME
50 ml Erdnußöl, 3 g Bienenwachs, 3 g Kakaobutter, 20 g Lanolin, 30 ml Rosenwasser, 8 Tr. Lavendelöl

Die Herstellung der Lavendelcreme erfordert etwas Geduld, denn sie muß sorgfältig kaltgerührt werden.

Zuerst wird das Bienenwachs mit der Kakaobutter und dem Lanolin in einem Wasserbad auf 60 °C erhitzt. Gleichzeitig wird das Rosenwasser in einem eigenen Topf auf die gleiche Temperatur gebracht.

Dann wird das Erdnußöl zu dem Gemisch im Wasserbad getan und das Ganze wieder auf 60 °C erwärmt. Zum Schluß kommt auch das Rosenwasser dazu.

Der Topf wird vom Herd genommen und die Masse so lange gerührt, bis sie ca. 40 °C erreicht hat. Dann kommt das Lavendelöl dazu und es wird weiter gerührt, bis sie Raumtemperatur erreicht hat.

Anschließend eine Stunde offen stehen lassen, bevor man die Creme noch einmal von oben nach unten rührt, damit sämtliche Blasen verschwinden.

Im Kühlschrank aufbewahrt ist die Lavendelcreme so gut wie ewig haltbar.

Sie ist speziell für trockene Haut geeignet. Die Creme pflegt und beruhigt die Haut, und ist deshalb vor dem Schlafengehen zu empfehlen.

KÜCHE

INGWERKAROTTEN
50 ml Erdnußöl, 500 g Karotten, 5 bis 10 Ingwerscheiben, Salz nach Geschmack

Die Karotten in Scheiben schneiden und mit den Ingwerstücken gemeinsam in einen Topf mit dem Öl geben. Bei aufgelegtem Deckel garen gelassen, dabei wird das Gargut öfters gewendet.

Vor dem Servieren mit Salz abschmecken und die Ingwerscheiben entfernen.

KRÄUTERPASTINAK
50 ml Erdnußöl, 500 g Pastinaken, 1 Handvoll frischer Bärlauch, 1 Bund frische Petersilie, Kräutersalz

Die Pastinaken in Stücke schneiden und im Öl dünsten. Kurz vor dem Servieren mit den frischen, geschnittenen Kräutern anrichten. Mit Kräutersalz abschmecken und zu Pellkartoffeln servieren.

Hagebuttenkernöl (Wildrosenöl)

Ein klares, transparentes, gelbes, schwachen Geruch aufweisendes Öl. Hagebuttenkernöl verteilt sich gut auf der Haut, zieht rasch ein und hat entzündungshemmende und antiallergene Wirkungen.

In der Pharmazie wird Hagebuttenkernöl zur Behandlung von trockener, schuppiger, rissiger oder stumpfer Haut verwendet. Weiters wird es bei Ekzemen, Psoriasis, stark pigmentierter Haut und Narben sowie zur unterstützenden Behandlung nach Verbrennungen und stumpfen Verletzungen eingesetzt. Es eignet sich gut als Basisöl bei sehr trockener Altershaut, ist aber ungeeignet bei fettiger Haut. In der Kosmetik wird Hagebuttenkernöl in Salben und (Nacht-)Cremes verwendet.

Gesundheit
Für Wundheilung und Narben
15 ml Haselnußöl, 15 ml Hagebuttenkernöl, 0,5 ml Strohblumenöl

Kosmetik
Nagelpflegeöl
10 Tr. Niemöl, 10 ml Hagebuttenkernöl, 3 Tr. Facetensid, 10 Tr. Nuratin

Alle Zutaten miteinander vermischen und in eine kleine verschließbare Flasche füllen.

Hanföl

Das Hanföl zählte früher zu den preiswerten Fetten, die in größerem Ausmaß bei der Seifenherstellung zum Einsatz kamen, insbesondere bei der Erzeugung von Schmierseife. Heute ist das durch Kaltpressung gewonnene Hanföl eher teuer und wird nur zum Überfetten der Seife genommen. Es verseift sich leicht, und macht die Seife weich.

Da es sehr gut in die Haut einzieht, eignet es sich vor allem als Basis von pflegenden Hautölen und kosmetischen Zubereitungen. Es wird von allen Hauttypen sehr gut vertragen.

Hanföl hat in der gesamten Pflanzenwelt mit über 80 % den höchsten Gehalt an essentiellen Fettsäuren. Diese Inhaltsstoffe stärken nicht nur das Immunsystem, sondern sind auch für die Hautpflege sehr von Vorteil. Im Vergleich zu Nachtkerzen- und Borretschöl, die eine ähnliche Zusammensetzung aufweisen, ist Hanföl erheblich preiswerter. Darüber hinaus ähnelt das Fettsäurespektrum von Hanföl mehr dem der menschlichen Haut, so daß nur selten negative Hautreaktionen bei der Anwendung auftreten. Das hautähnliche Spektrum führt zu einer rascheren Besserung der Hautstruktur.

Weiters wirkt es krampflösend bei epileptischen Anfällen, Multipler Sklerose und chronischen Schmerzzuständen. Die Entzündungen gehen schneller zurück, und die Infektiosität von Herpes-Viren wird verringert. Hanföl wurde auch zur Behandlung von Neurodermitis und anderen chronischen Hautkrankheiten eingesetzt, mit teilweise recht guten Ergebnissen.

Anwendung und Rezepte

Gesundheit

Gegen Insektenstiche, Warzen, Hühneraugen, Afterjucken

1 bis 2 ml Hanföl und 1 ml Teebaumöl

Beide Öle in eine 5 ml Flasche füllen und bei Bedarf tropfenweise auftragen.

Trockene Altershaut

200 ml Hanföl, 5 g Ringelblumen

Daraus einen Ölauszug herstellen und als Badeöl verwenden.

Allergische Hautreaktion, Neurodermitis, Milchschorf

500 ml Hanföl, 30 g Süßholz, 25 g Kamillenblüten

Daraus einen Ölauszug herstellen und die betroffenen Stellen mehrmals täglich damit einreiben.

500 ml Hanföl, 30 g Ringelblumen, 20 g Kamillenblüten

Daraus einen Ölauszug herstellen und wie oben beschrieben verwenden. Beide eignen sich auch als Badezusatz.

Narbenpflege

200 ml Hanföl, 5 g Ringelblumen

Einen Ölauszug herstellen, nach 14 Tagen durchseihen und die Narbe damit massieren.

Kosmetik

Reines Hanföl verwendet man bei rissiger Nagelhaut; bei trockenen, aufgesprungenen Lippen; bei trockener Haut, insbesondere an Wangen und Händen; als After shave und nach Intimrasur.

Hanf-Körperlotion

100 ml Rosenwasser oder Orangenblütenwasser, 50 ml Hanföl, 12 g Stearinsäure, 6 g Lanolin, 4 g Triäthanolamin, 4 Tr. Benzoetinktur

Auf das erwärmte Wasserbad (60 °C) wird ein hoher Plastiktopf gesetzt. Das Hanföl wird in den Plastiktopf gegossen, das Lanolin und die Stearinsäure hinzugefügt. Dabei ständig mit einem Holzlöffel rühren. Danach die Hälfte des Rosenwassers in einem kleinen Topf mit dem Triäthanolamin vermischen. Dieses Wassergemisch wird in kleinen Portionen unter ständigem Rühren mit einem Holzlöffel dem Fett hinzugefügt. Ist das Wassergemisch vollständig eingerührt, wird die zweite Hälfte des Rosenwassers oder des Orangenblütenwassers genommen und soviel in die Lotion hineingerührt, bis die Konsistenz paßt.

Anwendung und Rezepte

KÜCHE

Das Öl eignet sich aufgrund seines nussigen Geschmacks sehr gut zur Zubereitung und Verfeinerung von Salaten, aber auch als Beimischung zu Joghurt und Topfen-(Quark-)Speisen sowie als Zugabe bei Kartoffelgerichten.

HANF-SCHAFSKÄSEAUFSTRICH

250 g milder Schafskäse, 2 EL Hanfsamen, 4 EL feingehackter Dill, 1 EL feingehackter Estragon, 5 EL Hanföl, 10 kleingeschnittene Oliven, 8 gepreßte Knoblauchzehen, Saft von ½ Zitrone

Alle Zutaten mit dem Schafskäse verkneten und den Aufstrich frisch servieren.

HASELNUSSÖL

Haselnußöl ist ein seltenes und teures Speiseöl für die Feinschmeckerküche. Es ist hellgelb, klar und hat ein intensives Nußaroma.

Die Wirkung auf die Haut ist leicht adstringierend, straffend und tonisierend. Haselnußöl unterstützt die Zellneubildung, kräftigt die Kapillargefäße, fördert die Durchblutung und hilft, die Elastizität der Haut zu erhalten. Es ist das ideale Basisöl für fette Haut und Mischhaut sowie bei Akneproblemen. Da es schnell in die Haut einzieht, ist es für Tagescremes gut geeignet. Die hautpflegenden Eigenschaften des Haselnußöles können durch Zufügen ätherischer Öle gezielt auf den individuellen Hauttyp abgestimmt werden.

GESUNDHEIT

TROCKENE SCHLEIMHAUT

½ TL Öl wird in die linke Hand gegossen. Man befeuchtet den rechten kleinen Finger damit und verteilt das Öl in beide Nasenlöcher.

KOPFSCHMERZEN, MIGRÄNE

2 ml Haselnußöl, 1 ml Pfefferminzöl

Beide Öle mischen und bei Bedarf anwenden.

KOSMETIK

GEGEN HAUTUNREINHEITEN

50 ml Haselnußöl, 25 Tr. Pfefferminzöl, 25 Tr. Teebaumöl

Die Öle miteinander vermischen, häufig auftragen.

Küche

Bärlauchpesto

50 ml Haselnußöl, 50 g Bärlauch, Salz

Frischen Bärlauch kleinschneiden, in ein Glas geben und mit Haselnußöl vollständig abdecken. Das Pesto mit Salz abschmecken. Es ist im Kühlschrank einige Wochen haltbar.

Blattsalate mit Haselnüssen und Schinken

350 g Feldsalat, 2 kl. Köpfe Radicchio, 1 Kopf Lollo Rosso, 2 Schalotten, 3 EL gehackte Petersilie, 1 TL Senf, 6 EL Rotweinessig, 8 EL Haselnußöl, Salz, Pfeffer, 100 g geräucherter Schinken, 1 Bund Radieschen, 150 g geschälte Haselnußscheiben

Salate putzen und kleinzupfen, Schalotten schälen und feinhacken. Petersilie zusammen mit den Schalotten, dem Senf und dem Essig verrühren. Dann das Haselnußöl darunterschlagen. Dressing mit Salz und Pfeffer abschmecken. Den Schinken in 1 cm große Würfel schneiden. Radieschen in dünne Scheiben schneiden und zusammen mit den Schinkenwürfeln zum Dressing geben. Haselnußscheiben gleichmäßig im Ofen 2 bis 3 min goldbraun rösten. Die Blattsalate mit dem Dressing anmachen und mit Haselnußscheiben bestreuen.

Johannisbeersamenöl

Die Kerne der Frucht enthalten etwa 25 % fettes Öl. Es ist eines der wenigen Pflanzenöle (neben Borretschöl, Nachtkerzenöl), das γ-Linolensäure (ca. 17 %) in größeren Mengen enthält. Deshalb ist das Öl der Schwarzen Johannisbeere für die Ernährung besonders wertvoll. Bekannt ist, daß das Öl zur Nachversorgung bei Krebstherapien Anwendung findet. Die im Johannisbeeröl enthaltenen Flavonoide können die Widerstandsfähigkeit gegen Infekte erhöhen.

Johannisbeersamenöl hat einen überaus fruchtigen Geschmack und kann als Nahrungsergänzung pur (1 bis 2 TL pro Tag) eingenommen werden. Das kaltgepreßte Öl dient der Verfeinerung von Salaten und ist bei wenig geschmacksintensiven Zutaten auch als Würzkomponente verwendbar.

Küche

Fischsosse mit Johannisbeersamenöl

Es gibt keine spezifischen Rezepte für das Johannisbeersamenöl. Man sollte es wie ein Gewürz einsetzen. Trotzdem, versuchen Sie einmal, Cashewkernmus mit etwas Johannisbeersamenöl, einigen Spritzern Himbeeressig, mit gehacktem Dill und Korianderkraut und heißem Wasser zu einer Soße gerührt, über weißen gekochten Fisch oder abgerundet mit scharfem Senf über gebackenen Sellerie zu geben.

Anwendung und Rezepte

KÜRBISKERNÖL

Kürbiskernöl ist ein dickflüssiges, dunkelgrünes bis braunes Öl mit einem intensiven Geschmack. Das Öl und die Kerne sind bei Prostataleiden sehr hilfreich. Weitere Anwendungsgebiete sind Harnwegsprobleme, Arteriosklerose, Bandscheibenprobleme, Blasenentzündung, Blasenschwäche, hoher Blutdruck, Muskelkrämpfe und Nierenerkrankungen. Es kann auch als Trägeröl verwendet werden. Zur Hautpflege ist Kürbiskernöl ein wertvolles Basisöl, besonders bei trockener, rissiger, und schuppiger Haut. Weiters wird es als Zusatz für getönte Cremen verwendet.

GESUNDHEIT

KÜRBISKERN-MASSAGEÖL

50 ml Kürbiskernöl, 30 ml Sonnenblumenöl, 20 ml Olivenöl

Die Öle in eine Schüssel geben und verrühren. Dann in eine dunkle Flasche füllen. Bei Verwendung einige Tropfen des Massageöls in die gewünschte Körperpartie einmassieren.

KÜRBISKERN-MASSAGEPASTE

2 g Bienenwachs, 7 g Kakaobutter, 5 ml Kürbiskernöl, 5 ml Olivenöl

Bienenwachs, Kakaobutter, Kürbiskernöl und Olivenöl in eine Schüssel geben und im Wasserbad langsam schmelzen, bis alle Zutaten aufgelöst sind. Dann in kleines Kosmetikdöschen füllen und mit offenem Deckel abkühlen lassen.

KÜRBISKERNÖL-KRÄUTERBAD

30 ml Kürbiskernöl, 30 ml Sojaöl, 20 ml Olivenöl, 15 ml Tween 80, 3 Tr. Rosmarinöl, 3 Tr. Lavendelöl, 3 Tr. Muskatellersalbeiöl, 3 Tr. Zitronenöl

Kürbiskernöl, Sojaöl, Olivenöl und Tween 80 in eine Schüssel geben und verrühren. Dann die ätherischen Öle zugeben und noch einmal rühren. In eine Flasche füllen und vor Gebrauch schütteln. Diese Bademischung wirkt kreislaufstärkend und belebend.

KOSMETIK

KÜRBISKERNÖL-TAGESCREME

4 g Bienenwachs, 4 g Kakaobutter, 5 ml Kürbiskernöl, 15 ml Sonnenblumenöl, 10 ml Traubenkernöl, 30 ml Mineralwasser, 3 Tr. Teebaumöl, 2 Tr. Rosenöl

Bienenwachs, Kakaobutter, Kürbiskernöl, Sonnenblumenöl und Traubenkernöl in ein Rührgefäß geben und im Wasserbad erhitzen, bis alle Zutaten vollständig geschmolzen sind. Etwas Mineralwasser abkochen, 30 ml abmessen und auf etwa 60 °C abkühlen lassen. Das Rührgefäß aus dem Wasserbad nehmen und das Mineralwasser dazugeben. Sofort mit einem elektrischen Handrührer mit höchster Stufe rühren. Dabei entsteht eine milchige Flüssigkeit. Wenn die Creme fast abgekühlt ist, Teebaumöl und Rosenöl zugeben.

So lange weiterrühren, bis die Creme erkaltet ist. Diese in einen Cremetopf füllen. Im Kühlschrank etwa 6 Wochen haltbar.

Kürbiskernöl-Nachtcreme

4 g Bienenwachs, 4 g Kakaobutter, 15 ml Kürbiskernöl, 15 ml Sonnenblumenöl, 30 ml Mineralwasser, 3 Tr. Teebaumöl

Zubereitung wie Tagescreme

Kürbiskernöl-Maske

5 ml Kürbiskernöl, 4 ml Sonnenblumenöl, Hafermehl

Kürbiskernöl und Sonnenblumenöl in eine kleine Schüssel geben und verrühren. Dann soviel Hafermehl einrühren, bis ein dicker Brei entstanden ist. Die nun fertige Kürbiskernöl-Maske auf die gereinigte Gesichtshaut auftragen und 20 min einwirken lassen. Mit handwarmem Wasser abwaschen. Für jeden Hauttyp geeignet. Im Kühlschrank etwa 3 Monate haltbar.

Küche

Marinierter Ziegenkäse

8 Blätter Eichblattsalat, 1 Bund Schnittlauch, 8 kleine Ziegenkäse (je 40 g), Pfeffer, Salz, 3 EL Sherryessig, 4 EL Kürbiskernöl

Salatblätter waschen, die Hälfte vom Schnittlauch fein schneiden. Käse und Salatblätter auf Tellern anrichten, den Käse mit Pfeffer bestreuen. Salz und Essig verrühren und das Kürbiskernöl unterschlagen. Schnittlauchröllchen unter die Vinaigrette mischen. Käse und Salatblätter mit der Marinade beträufeln und mit dem restlichen Schnittlauch garnieren.

Kräuterpesto

150 g frische Gartenkräuter, 150 ml Kürbiskernöl, 2 El Kürbiskerne, ½ TL Kräutersalz

Die Kräuter sehr fein schneiden, die Kerne zerhacken und beides mit Kürbiskernöl verrühren. Mit Kräutersalz abschmecken und im Kühlschrank lagern.

Leinöl

Es ist ein gelbliches Öl mit einem sehr intensiven Geschmack. Es ist eines der wirkungsvollsten Speiseöle und das einzige Öl, welches ungenießbar geworden noch für die Leder- und Holzpflege verwendbar ist. Es kann sowohl innerlich als auch äußerlich angewendet werden. Für die äußere Anwendung wird es meistens mit Jojobaöl gemischt und bei Ekzemen, trockener Haut, Hautrissen oder bei berufsbedingten Hautschäden angewendet.

Anwendung und Rezepte

Gesundheit

Allergische Hautreaktion

500 ml Leinöl, 30 g Süßholz, 25 g Kamillenblüten
oder 500 ml Leinöl, 30 g Ringelblumen, 20 g Kamillenblüten

Aus den Zutaten einen Ölauszug herstellen und nach dem Filtrieren im Kühlschrank aufbewahren. Die betroffenen Hautflächen mehrmals täglich damit einreiben oder als Badeöl verwenden.

Erfrierungen

10 ml Leinöl, 10 Tr. Teebaumöl

Die Mischung an der betroffenen Stelle einreiben.

Narbenpflege

200 ml Leinöl, 5 g Ringelblumen

Daraus einen Ölauszug machen, nach 14 Tagen abseihen und die Narbe damit einölen.

Kosmetik

Sonnenbadpflege

100 ml Leinöl, 20 bis 30 Tr. Lavendelöl

Mit dieser Mischung den Körper nach jedem Sonnenbad einölen.

Küche

Leinöltopfen (Leinölquark)

500 g Magertopfen (Quark), 100 ml Leinöl, 1 mittelgroße Zwiebel, 1 Bund Schnittlauch, 1 TL Mayonnaise, Salz, Pfeffer, etwas heißes Wasser

Den Topfen mit der fein geschnittenen Zwiebel, dem geschnittenen Schnittlauch und Pfeffer nach Belieben abschmecken. Zum Schluß die Mayonnaise unterrühren. Dazu passen Pellkartoffeln, oder man verwendet ihn als Brotaufstrich.

Mandelöl

Mandelöl ist eines der kostbarsten Öle. Es wird in der Nahrungsmittel- und Süßwarenindustrie, als Schmiermittel für feine Mechaniken wie Uhren, Instrumente und Waffen sowie in der Kosmetik und Pharmazie umfassend verwendet. Es beruhigt und pflegt die Haut und wird für Cremes, Lotionen, Salben, Lippenbalsam, Massageöle, Ölbäder und viele andere kosmetische Zubereitungen benutzt. Es ist bekannt für seine Milde und gibt in Cremes eingearbeitet ein schönes, weiches Hautgefühl. Es wirkt als leichter natürlicher UV-Filter. In der Pharmazie wird es von alters her als Salbengrundlage verwendet.

Mandelöl zieht schnell in die Haut ein und ist beliebt zur Haar- und Babypflege.

GESUNDHEIT

ANTI-MÜCKEN-ÖL

90 ml Mandelöl, 10 ml Weizenkeimöl, 10 Tr. Nelkenöl, 10 Tr. Zedernholzöl, 6 Tr. Citronellaöl, 4 Tr. Lavendelöl

MASSAGEÖL GEGEN CELLULITIS

100 ml Mandelöl, 10 Tr. Lavendelöl, 10 Tr. Myrtenöl, 10 Tr. Ylang-Ylangöl

MASSAGEÖL BEI STRAPAZIERTEN NERVEN

25 ml Jojobaöl, 25 ml Mandelöl, 3 Tr. Jasminöl, 8 Tr. Lavendelöl, 5 Tr. Neroliöl, 1 Tr. Ylang-Ylangöl

GEGEN WINDELDERMATITIS

40 ml Mandelöl, 10 ml Hanföl, 20 Tr. Teebaumöl, 10 Tr. Kamillenöl

Den gereinigten Hintern des Babys bei jedem Windelwechsel mit dieser Mischung einölen.

KOSMETIK

BABYMASSAGE FÜR DEN ABEND

100 ml Mandelöl, 10 Tr. Lavendelöl

BABYMASSAGE FÜR DEN TAG

100 ml Mandelöl, 10 Tr. Grapefruitöl, 3 Tr. Sandelholzöl

GEGEN HAARAUSFALL

50 ml Mandelöl, 10 Tr. Rosmarinöl, 5 Tr. Bay

Alle 14 Tage eine Haarpackung machen.

GEGEN SCHUPPEN

50 ml Mandelöl, 20 Tr. Teebaumöl

Öfters eine Packung damit machen.

Anwendung und Rezepte

KÜCHE

TIRAMISU

500 g Mascarpone, 1 Tasse Kaffee, 2 Eigelb, 2 Eiweiß, 100 g Puderzucker, ½ Tasse Kirschsaft, 3 bis 4 Tr. Mandelöl, 400 g Löffelbisquit

Eigelb, Puderzucker, Kirschsaft und Mandelöl zu einer Creme schlagen, Mascarpone dazu geben. Eiweiß steifschlagen und unterheben. Auf dem Boden einer eckigen Form die Löffelbisquits ausbreiten und mit Kaffee begießen. Dann mit Creme bedecken, dann wieder Bisquits und wieder Creme usw., die letzte Lage ist Creme. Vor dem Servieren dick mit Kakao bestäuben.

MOHNÖL

Mohnöl ist ein sehr feines Öl, das aus verschiedenen Mohnsorten kaltgepreßt wird. Am intensivsten schmeckt Mohnöl aus den Samen des Blaumohns, sehr fein ist das Öl aus Graumohn, fein nussig ist der Geschmack von Weißmohnöl. Trotzdem sind alle Mohnöle farblos. Der Geschmack ist zart nussig und paßt zu Salaten, Rohkost, Nachspeisen und Müsli.

Mohnöl ist reich an ungesättigten Fettsäuren und gehört damit zu den cholesterinsenkenden Pflanzenölen. Das Öl zieht schnell in die Haut ein und kann auch zur Holz- und Lederpflege verwendet werden.

GESUNDHEIT

BABYHAUT

100 ml Mohnöl, 10 Tr. Lavendelöl, 3 Tr. Kamillenöl, 2 Tr. Sandelholzöl

Die Haut des Babys mit dieser Mischung nach jedem Baden einölen.

GEREIZTE GESICHTSHAUT

200 ml Mohnöl, 3 g Ringelblumen, 5 g Kamillenblüten

Dieser Ölauszug wird für die tägliche Pflege verwendet.

KOSMETIK

BABYMASSAGE FÜR DEN TAG

100 ml Mohnöl, 5 Tr. Lavendelöl, 5 Tr. Grapefruitöl, 2 Tr. Lavendelöl

BABYMASSAGE FÜR DEN ABEND

100 ml Mohnöl, 10 Tr. Lavendelöl

Gegen Altershaut

100 ml Mohnöl, 20 Tr. Lavendelöl, 5 Tr. Sandelholzöl
oder 250 ml Mohnöl, 6 g Ringelblumen

Daraus einen Ölauszug herstellen, für die tägliche Gesichtspflege.

Küche

Mohnölgugelhupf

4 Dotter, 250 g Zucker, 125 ml Mohnöl, 125 ml Wasser, 280 g Mehl, 1 Messerspitze Backpulver, 4 Eiklar

Dotter und Zucker abtreiben, Öl und Wasser langsam einschlagen, mit Backpulver versiebtes Mehl und Schnee einheben, Ölkuchenmasse in befetteter und bemehlter Guglhupfform ca. 1 Stunde bei 200 °C backen.

Nachtkerzenöl

Die Nachtkerze bekam ihren Namen, da sie ihre Blütenkelche erst am Abend öffnet, so daß die Bestäubung durch Nachtfalter erfolgt. Nachtkerzenöl war bereits bei den Ureinwohnern Amerikas bekannt und wurde dort zur Behandlung der verschiedensten Leiden verwendet, von der weiblichen Unfruchtbarkeit bis hin zu Rückenschmerzen.

Etwa 10.000 Samen sind notwendig, um 1 Gramm Nachtkerzenöl zu gewinnen. Es hat eine gelbliche Farbe und einen milden, angenehmen Geschmack. Nachtkerzenöl enthält γ-Linolensäure (ca. 10 %), Linolsäure sowie ungesättigte Ölsäuren, aber im Gegensatz zum Borretschöl keine Erucasäure. Für längerfristige Therapien ist es deshalb viel besser geeignet. Wie schon erwähnt, hat γ-Linolensäure einen positive Wirkung auf Hauterkrankungen und hormonelles Ungleichgewicht. Bewährt hat sich die Einnahme von Nachtkerzenöl (wie auch das Borretschöl) beim Prämenstruellen Syndrom (PMS), zur Regulierung des Stoffwechsels, zur Erweiterung der Blutgefäße, bei Bluthochdruck, zur Senkung des Cholesterinspiegels, zur Stärkung des Immunsystems, bei Leberschäden und Entzugssymptomen sowie bei nervösen, überaktiven Kindern.

Auch in der Küche findet das Nachtkerzenöl, unter therapeutischen Gesichtspunkten, in Rohkostrezepten seine Anwendung. Nachtkerzenöl ist sehr wärmeempfindlich und sollte daher im Kühlschrankes aufbewahrt werden.

Gesundheit

Wohlfühl-Massageöl

50 ml Nachtkerzenöl, 5 Tr. Vanilleöl, 5 Tr. Kakaoextrakt, 5 Tr. Ingweröl, 5 Tr. Iriswurzelöl

Anwendung und Rezepte

KOSMETIK

TAGESCREME (GEEIGNET FÜR JEDEN HAUTTYP)

I. 2 TL Wasser, 1 TL Grüntee-Pulver, 1 Tr. Zitronensaft
II. 50 ml Cremaba HT, 2 bis 4 EL Jojobaöl, 1 EL Nachtkerzenöl, ½ EL D-Panthenol 75%, 20 Tr. Vitamin E Acetat, 5 Tr. Paraben K.

Die Mischung aus Wasser und Tee (I.) mit den abgemessenen Bestandteilen (II.) in einer Schüssel gut verrühren und in eine Cremedose füllen.

OLIVENÖL

Olivenöl wird schon seit Jahrhunderten wegen seiner heilenden, entzündungshemmenden Eigenschaften geschätzt. Es eignet sich auch gut für Kräuterauszüge und ergibt besonders milde Seifen mit kleinporigem, dichtem Schaum. Reine Olivenölseifen fühlen sich ein wenig „schlüpfrig" an und neigen dazu, unter Einfluß von Feuchtigkeit bzw. wenn sie zwischen ihren „Einsätzen" nicht gut abtrocknen können, die Form zu verlieren. Nach längerer Lagerung geben reine Olivenölseifen einen viel besseren Schaum und sind ausgiebiger.

Bei allen rheumatischen Leiden sollen Einreibungen mit Olivenöl helfen, ebenso bei Knochenerkrankungen.

GESUNDHEIT

JOHANNISKRAUTÖL

100 g Johanniskrautblüten, 250 ml kaltgepreßtes Olivenöl

Die Blüten mit Olivenöl überschütten, während 3 Wochen an der Sonne stehenlassen und täglich schütteln. Das Öl filtern und in eine dunkle Flasche abfüllen.

Johanniskrautöl eignet sich vor allem zum Einreiben bei Muskelschmerzen, Verbrennungen und Verletzungen.

GEGEN HAARAUSFALL

1 Eigelb, 5 EL Olivenöl, 10 EL Rum (40 %)

Das Eigelb mit dem Olivenöl und dem Rum verrühren. Damit die Kopfhaut einreiben und erst am nächsten Tag auswaschen.

GEGEN KRAMPFADERN, VENENENTZÜNDUNG

200 ml Olivenöl, 6 g Ringelblumen

Daraus einen Ölauszug machen und als unterstützende Therapie die betroffenen Stellen einreiben.

Anwendung und Rezepte

KOSMETIK

HAUTPFLEGE

250 ml Olivenöl, 3 g Ringelblumen, 15 g Süßholz

Daraus einen Ölauszug machen und zur Körperpflege nach dem Duschen verwenden.

KÜCHE

PESTO

1 gr. Bund Basilikum, 1 Knoblauchzehe, 100 ml Olivenöl, 50 g Pinienkerne, 100 g Parmesan-Käse, Salz

Die gewaschenen und abgetrockneten Basilikumblätter mit wenig Salz, den Pinienkernen, Knoblauch und Parmesan im Mixer zerkleinern und dann langsam das Öl zufügen, dabei weitermixen, bis sich alles verbunden hat.

TOMATEN, IN ÖL EINGELEGT

1 kg kleine Tomaten, 1000 ml Olivenöl, 1 Bund frisches Basilikum, 1 TL Salz

Basilikum waschen und trockentupfen. Die Tomaten mit kaltem Wasser waschen und gut abtrocknen. Diese mit einem Zahnstocher mehrmals anstechen. Die Tomaten und das Basilikum in ein Glas schichten, das Salz hinzugeben und mit Öl übergießen. Das Glas schließen und an einem dunklen, kühlen Ort aufbewahren.

GEGRILLTER FETA MIT BESCHWIPSTER TOMATE

4 Scheiben Vollkorntoast, 1½ Schnapsgläschen Ouzo, 60 ml Olivenöl, 300 g Schafskäse, 3 in Scheiben geschnittene Tomaten, Salz, Pfeffer, einige Blättchen Basilikum

Die Brotscheiben toasten. Öl und Ouzo gut verrühren. Schafskäse in Scheiben schneiden, etwa ½ cm dick, und auf die Toastscheiben verteilen. Den Käse mit der Hälfte der Öl/Ouzo-Mischung beträufeln, dann die Tomatenscheiben auflegen und die andere Hälfte der Mischung aufträufeln. Mit Salz und Pfeffer würzen. Die belegten Toastscheiben auf ein mit Backpapier ausgelegtes Backblech setzen und im vorgeheizten Backofen bei 200 °C ca. fünf bis sechs Minuten überbacken oder bei 200 °C grillen. In der Zwischenzeit Basilikum waschen, trockentupfen und in feine Streifen schneiden. Toast vor dem Servieren mit Basilikum bestreuen.

OLIVENÖLCREME

250 ml Milch, ½ Vanillestange, 2 Eigelb, 80 g Zucker, 2 bis 3 EL gequollene Pulvergelatine, 125 ml Obers (Sahne), 60 ml Olivenöl, 6 EL Gin, 6 EL Martini

Die Milch mit der Vanillestange erhitzen. Eigelb und Zucker mit einem Schneebesen in einer größeren Schüssel (am besten im warmen Wasserbad) verrühren. Anschließend unter Rühren die heiße Milch nach und nach zugießen. Zunächst die gequollene Gelatine, danach das Oli-

Anwendung und Rezepte

venöl zugeben und die Masse im Eiswasserbad weiterrühren. Die steifgeschlagene Sahne untermengen und mit Gin und Martini versetzen. Im Kühlschrank kalt werden lassen.

RAPSÖL

Rapsöl gehört zu den besonders häufig verwendeten Speiseölen in der Küche. Es wird überwiegend raffiniertes Rapsöl angeboten, der Anteil einfach ungesättigter Fettsäuren ist sehr hoch. Raffiniertes Rapsöl ist geschmacksneutral und hoch erhitzbar, es eignet sich deshalb sehr gut zum Braten, Grillen und Fritieren. In der kalten Küche wird es verwendet, wenn das Eigenaroma der anderen Zutaten zur Geltung kommen soll, z. B. bei Mayonnaisen, Remouladen oder Kräutersaucen. Das raffinierte Öl ist etwa 18 Monate, unraffiniertes dagegen nur 6 Monate haltbar. Rapsöl kann vielseitig verwendet werden. In der kalten Küche für Salatsaucen, Dips, Pestos, Antipasti, Kaltsaucen etc. In der warmen Küche zum schonenden Garen und Dünsten von Gemüse, aber auch von Fisch und zartem Fleisch.

Rapsöl ist gut geeignet für empfindliche Haut. Es sorgt für Feuchtigkeit und ist als heimisches Öl auch aus ökologischen Überlegungen heraus empfehlenswert. Rapsöl verleiht der Seife ein seidiges Gefühl. Die Seifen halten gut und zeigen auch bei höherem Rapsölanteil keine Anzeichen von Verderb. Mit ein wenig Sonnenblumenöl kombiniert ist es ein gutes Basisöl für milde, preiswerte Seifen.

KOSMETIK

HAUTÖL FÜR NORMALE HAUT

½ TL Rapsöl, 1 Tr. Lavendelöl

Die Öle in der Hand mischen und damit die Hände und Unterarme einölen.

KÜCHE

EINGELEGTE GETROCKNETE TOMATEN

Für 2 Einmachgläser von ca. 300 ml Inhalt: 40 ml Wasser, 40 ml Essig, 200 g getrocknete Tomaten, 8 geschälte Knoblauchzehen, 1 TL schwarze Pfefferkörner, 20 bis 40 ml Rapsöl

Wasser und Essig aufkochen, Tomaten darin 5 Minuten köcheln, abgießen und trockentupfen. Tomaten mit allen weiteren Zutaten in die Gläser schichten. Mit Rapsöl auffüllen, bis der Inhalt gut bedeckt ist. Gläser verschließen.

EINGELEGTE PILZE

Für 2 Einmachgläser von ca. 300 ml Inhalt: 500 g frische Pilze, z. B. Champignons, Eierschwämme (Pfifferlinge), Steinpilze, 30 ml Essig, Salz, 1 entkernter, in Ringe geschnittener Pfefferoni, 2 geschnittene Knoblauchzehen, 1 TL schwarze Pfefferkörner, 20 bis 40 ml Rapsöl

Pilze sorgfältig reinigen, kleine ganz lassen, große blättrig schneiden. Im leicht gesalzenen Essig portionenweise 3 min köcheln, herausheben und trockentupfen. Pilze mit den restlichen Zutaten in die Gläser schichten. Mit Rapsöl auffüllen, bis der Inhalt gut bedeckt ist. Gläser verschließen. Im Kühlschrank ca. 1 Monat haltbar.

Eingelegter Weichkäse

Für 2 Einmachgläser von ca. 300 ml Inhalt: 2 entkernte, in Ringe geschnittene Pfefferoni, 10 ml Essig, 250 g nicht zu reifer Weichkäse, 1 in Ringe geschnittene Zwiebel, 2 TL schwarze Pfefferkörner, 2 zerzupfte Zweige Rosmarin, 20 bis 40 ml Rapsöl

Pfefferoni im siedenden Essig 10 Minuten köcheln, kalt abschrecken und trockentupfen. Käse in Würfel schneiden, mit allen restlichen Zutaten in die Gläser schichten. Mit Rapsöl auffüllen, bis der Inhalt gut bedeckt ist. Gläser verschließen. Im Kühlschrank ca. 1 Woche haltbar.

Sanddornöl

Dabei muß zwischen Fruchtfleischöl und Kernöl unterschieden werden: Das Fruchtfleischöl wird durch Kaltpressung der Fruchtfleischanteile gewonnen (ähnlich wie Olivenöl). Es hat eine starke orangerote Färbung, hervorgerufen durch die Carotinoide. Hauptbestandteile sind die Palmitinsäure, die Palmitoleinsäure und die Ölsäure.

Fruchtfleischöl soll stoffwechselanregend wirken und bei Sodbrennen und Magen-Darm-Erkrankungen helfen. Dafür werden wenige Tropfen täglich in Wasser oder Saft eingerührt. Gegen Mandel- und Rachenentzündungen wird gegurgelt bzw. pinselt man den Rachen mit dem Öl ein. Äußerlich angewendet, schützt es vor Sonneneinstrahlung oder regeneriert nach Sonnenbrand oder Verbrennungen.

Das Sanddorn-Kernöl wird aus dem nußartigen Samenkern gewonnen. Es ist schwach rötlich, da hier weniger Carotinoide enthalten sind. Stattdessen hat es einen hohen Anteil ungesättigter Fettsäuren wie Linol- und Linolensäure. Das Kernöl soll entzündungshemmend und antibakteriell wirksam sein. Es soll bei Akne und Hautallergien helfen und die Wundheilung beschleunigen.

Schwarzkümmelöl

Schwarzkümmelöl war schon in der Antike bekannt. Es soll bei allgemeiner Schwäche, bei Entzündungen, bei Hautproblemen, bei Frauenbeschwerden, Erkältungen und Kopfschmerzen helfen.

Das Öl soll antibakteriell und antimykotisch sowie gegen entzündliche und allergische Prozesse wirken. Es wurde sogar ein bedeutender blutzuckersenkender Effekt festgestellt.

Schwarzkümmelöl wird als Nahrungsergänzung empfohlen. Es ist ausgezeichnet verträglich und daher auch für Kinder sehr gut geeignet. Es kann sogar zum Kochen verwendet werden. Schwarzkümmelöl sollte über einen Zeitraum von etwa 3 bis 6 Monaten bei einer Dosierung von 4 x täglich 10 Tropfen oder 2 x täglich 20 Tropfen eingenommen werden. Zu Beginn der Einnahme kann gelegentlich leichtes Aufstoßen auftreten, das aber nach längerer Einnahmedauer verschwindet. Eine Besserung des Wohlbefindens tritt oft bereits nach wenigen Tagen ein.

Anwendung und Rezepte

Auch zur äußerlichen Anwendung ist Schwarzkümmelöl geeignet. Bei Hauterkrankungen wie Neurodermitis, Psoriasis, aber auch bei Akne kann das reine Schwarzkümmelöl auf die Haut aufgetragen werden.

GESUNDHEIT

GESICHTSDAMPFBAD

1000 ml heißes Wasser und 2 TL Schwarzkümmelöl verdunsten lassen und tief einatmen. Erholsam für die Atemwege und Gesichtshaut mit Unreinheiten.

KOSMETIK

HAUTÖL ZUR BERUHIGUNG DER HAUT

25 ml Schwarzkümmelöl, 15 ml Jojobaöl, 10 ml Macadamianußöl, 10 Tr. Lavendelöl.

Alle Öle in eine 50 ml Flasche geben und gut schütteln. Die Mischung kühl lagern und so schnell wie möglich aufbrauchen.

SCHWARZKÜMMEL-CREME

50 ml Schwarzkümmelöl, 50 ml Jojobaöl, 10 g Bienenwachs

Das Schwarzkümmel- und Jojobaöl mit dem Bienenwachs im Wasserbad (60 °C) erhitzen, bis das Wachs sich auflöst. Je nach Vorliebe kann die warme Mischung mit ein paar Tropfen ätherischem Öl angereichert werden.

CREME FÜR HÄNDE UND KÖRPERPFLEGE

50 g Sheabutter, 10 ml Schwarzkümmelöl, 3 Tr. Orangenöl, 3 Tr. Grapefruitöl, etwas Spirulina Pulver Natur.

Die Sheabutter im Wasserbad (60 °C) schmelzen, das Schwarzkümmelöl und Spirulina Pulver untermengen. Etwas abkühlen lassen, dann die ätherischen Öle hinzufügen und nochmals gut umrühren.

KÜCHE

DINKELBRÖTCHEN MIT SCHWARZKÜMMELÖL

500 g Dinkel (fein gemahlen), 1 Packung Germ (42 g), 375 ml Milch (lauwarm), 80 g Butter (zerlassen), 2 TL Schwarzkümmelöl, 1 EL Küchenkräuter (frisch gehackt), 150 g Schaf- oder Ziegenkäse (fein gerieben), 1 TL Meersalz, 1 TL Schwarzkümmel (gemahlen)

Dinkelmehl in eine Schüssel geben, Milch mit der Butter erwärmen und dazugeben. Germ hineinbröckeln, Salz, Kümmel, Kräuter, Öl und Käse zum Mehl geben und verkneten. Den Teig ca. 20 min gehen lassen. Aus dem Teig eine lange Rolle formen, kleine Teigstücke zu ca. 40 g abstechen und zu Brötchen formen. Diese auf ein bemehltes Backblech legen, nochmals zugedeckt ca. 20 min gehen lassen. Mit etwas Milch bepinseln. Schwarzkümmel darüberstreuen und bei 220 °C im vorgeheizten Backrohr ca. 20 min backen. Mit einer Spachtel lösen und auf einem Gitter erkalten lassen.

Sojaöl

Sojaöl hat eine gelblich bis bräunlichgelbe Farbe. Es ist reich an Lezithin, Mineralstoffen, β-Carotin und Vitamin E. Es wird innerlich wie äußerlich, in der Küche als Speiseöl, in der Kosmetik z. B. als Badeöl und in der Naturheilkunde verwendet. Sojaöl zieht sehr schnell ein und schützt vor Feuchtigkeitsverlust. Mit Leinöl vermischt soll es gegen Arteriosklerose wirken.

Gesundheit
Citrus-Massageöl
90 ml Sojaöl, 8 bis 10 Tr. Zitronenöl

Kosmetik
Avocado-Soja-Maske (gegen trockene Haut)
25 ml Sojaöl, 15 ml Avocadoöl, 10 ml Weizenkeimöl, 5 EL Hafermehl

Alle Zutaten miteinander verrühren und abfüllen. Vor dem Auftragen 1 TL der Mischung mit 1 TL Wasser verrühren.

Küche
Marinierte Sardinen
1 kg mittlere Sardinen, 125 g Sojaöl, 100 ml Essig, 6 Zehen Knoblauch, 6 Lorbeerblätter, 1 Bund Petersilie, 2 TL gemahlener roter Paprika, 1 EL Mehl, 250 ml Wasser, Salz

Die Sardinen schuppen, ausnehmen und waschen, in Mehl wenden und schwimmend in Öl backen. Danach nimmt man die Fische heraus und legt sie in eine Steingutschüssel. Dann brennt man im Öl das Mehl ein, ohne es zu dunkel werden zu lassen. Der Knoblauch bleibt ungeschält, wird aber an einer Seite eingeritzt, damit er nicht platzt. Er wird noch kurz mitgeröstet. Das Feuer reduzieren, dann Lorbeer, Petersilie, Paprika, Salz sowie den Essig und Wasser dazugeben. Alles abschmecken, und nach eigenem Ermessen würzen. Den Sud gibt man dann über die Sardinen, die nach einiger Zeit einen wunderbaren Leckerbissen ergeben.

Sonnenblumenöl

Sonnenblumenöl ist eines der meistverwendeten Pflanzenöle in Europa. Neben dem hohen Anteil an ungesättigten Fettsäuren sind Lezithine und Vitamine enthalten.

Anwendung und Rezepte

Sonnenblumenöl regt die Durchblutung an und eignet sich aufgrund seiner schleimlösenden Wirkung für Brustwickel bei Erkältungskrankheiten und Halsentzündung. Es hat eine leicht blutgerinnende Wirkung und unterstützt die Neubildung des Gewebes. Deshalb wird es in Wundsalben zur Behandlung von äußeren Verletzungen, Geschwüren, wunden Beinen und Hautausschlägen verwendet. Sonnenblumenöl ist für fast jede Haut verträglich, besonders für sogenannte Problemhaut. Menschen, die unter geplatzten Äderchen leiden, sollten jedoch auf den Gebrauch des Öles verzichten. Kaltgepreßtes Sonnenblumenöl ist auch eines der wertvollsten Speiseöle. Es eignet sich hervorragend als Salat- oder Rohkostöl.

Weiters ist das Öl durch die von Dr. F. Karach vorgestellte Sonnenblumenöl-Therapie (Ölziehen) zur Entgiftung des Körpers bekannt. Sonnenblumenöl wirkt leicht desinfizierend und hat den Lichtschutzfaktor 2.

GESUNDHEIT

ZAHNFLEISCHENTZÜNDUNG

1 EL Sonnenblumenöl, 1 Tr. Kamille blau

Mit der Mischung eine mehrtägige morgendliche Ölziehkur machen.

SONNENBRAND, VERBRENNUNG, VERBRÜHUNG

30 ml Sonnenblumenöl, 30 bis 50 Tr. Lavendelöl

Die betroffenen Flächen mehrmals damit einölen.

WUNDBEHANDLUNG

20 ml Sonnenblumenlöl, 10 Tr. Lavendelöl, 10 Tr. Teebaumöl

Wenn sich die Wunden zu schließen beginnen, diese mit der Ölmischung behandeln.

KOSMETIK

STATISCH GELADENE HAARE

Ein paar Tropfen Sonnenblumenöl auf den Handflächen und Fingerspitzen verteilen und alle 14 Tage die Haarspitzen damit einreiben.

KOPFSCHUPPEN

50 ml Sonnenblumenöl, 20 Tr. Teebaumöl

Mit dieser Mischung eine Haarpackung machen und über Nacht einwirken lassen.

Anwendung und Rezepte

KÜCHE

BÄRLAUCHPASTE

100 g Bärlauch, 100 ml Sonnenblumenöl, 7 g Salz

Den frischen Bärlauch waschen und trockentupfen. Die feingehackten Bärlauchblätter mit Salz und Öl in einer Rührschüssel gut verrühren, bis sich das Salz vollständig aufgelöst hat. Dieses Gemisch in dunkle Gläser abfüllen. Gut verschlossen und vor Licht und Sonne geschützt kühl aufbewahren.

MANGOSAUCE

1 vollreife Mango, 100 g eingelegte Essiggurken, 2 Schalotten, 3 EL Zitronensaft, 2 EL Orangensaft, 1 EL mildes Currypulver, 3 Eigelb, Salz, 100 ml Sonnenblumenöl

Die Mango schälen und das Fruchtfleisch in dünnen Spalten vom Kern schneiden. Die Essiggurken und die geschälten Schalotten sehr fein würfeln. Anschließend die Schalotten mit Zitronensaft, Orangensaft und Curry zugedeckt 5 min dünsten und dann erkalten lassen. Die Eigelb mit einer Prise Salz schaumig schlagen, das Öl langsam dazugeben und dabei mit dem Schneebesen zu einer dicken Mayonnaise aufschlagen. Mangospalten im Mixer pürieren und samt Schalottenmus und Senfgurken unter die Mayonnaise mischen.

TRAUBENKERNÖL

Kaltgepreßtes Traubenkernöl erkennt man an seiner natürlichen, grünlich bis grüngoldenen Farbe und dem typisch traubig-nussigen Duft. Neben Linol-, Öl-, Palmitin-, Stearin- und anderen wertvollen Fettsäuren enthält es verschiedene Vitamine (hoher Gehalt an Vitamin E), Flavonide (Procyanidin), Resveratrol, Lezithin und Mineralien. Procyanidin ist einer der besten bekannten Radikalefänger.

Es zieht rasch in die Haut ein, ohne einen Film zu hinterlassen, und ist daher gut geeignet für fette und unreine Haut. Traubenkernöl macht die Seife weich, ist aber teuer, und wird deshalb nur in geringen Mengen verwendet, meistens zum Überfetten. Es gibt milde und für empfindliche Haut geeignete Seife, gut in Kombination mit Mandelöl. Auch hervorragend für Shampoo-Seife geeignet. Zusammen mit den passenden ätherischen Ölen ergibt es ein feines Massage- oder Badeöl.

KOSMETIK

TRAUBENKERNÖL-PACKUNG FÜR REIFERE HAUT

1 EL Traubenkernöl, 2 EL Naturjoghurt

Traubenkernöl mit dem Naturjoghurt verrühren. Maske auf Gesicht und Hals auftragen und 15 min einwirken lassen. Mit lauwarmem Wasser abwaschen.

Anwendung und Rezepte

KÜCHE

ROCHENFLÜGEL MIT MARINIERTEN TOMATEN IN TRAUBENKERNÖL

Ca. 800 g Rochenfilet, 6 bis 8 reife Tomaten, 250 ml Traubenkernöl, 4 bis 6 kleingehackte Schalotten, 2 kleingehackte Knoblauchzehen, ½ TL Thymian, 1 Lorbeerblatt, 1 TL gehackte Petersilie oder Kerbel

Öl erhitzen, feingehackte Schalotte dazugeben. Nach ca. 1 min feingehackten Knoblauch dazugeben und goldbraun werden lassen. Thymian, Lorbeerblatt, Petersilie und Tomaten zugeben und ca. 2 bis 4 min köcheln lassen. Mit Salz und Pfeffer abschmecken. Rochen in 8 bis 10 cm breite Streifen schneiden. Kurz in Mehl wenden. In einer vorgeheizten Pfanne mit Öl anbraten.

ZUCCHINI-TRAUBENKERNÖL-KUCHEN

3 Eier, 250 g Zucker, ½ Fläschchen Buttervanille, 3 EL Zimt, 100 g Nüsse (gerieben), 250 ml Traubenkernöl, 450 g Zucchini (geraspelt), 300 g Mehl, ½ TL Salz, 1 TL Natron, 1 TL Backpulver

Eier und Zucker schaumig rühren, Buttervanille, Öl, Zimt und Nüsse dazugeben, Mehl, Salz, Natron und Backpulver mischen und mit den Zucchini unter die Teigmasse heben. In eine gebutterte Kastenform geben und bei 175 °C 60 bis 70 min backen.

WALNUSSÖL

Walnußöl ist ein sehr beliebtes Speiseöl in der Feinschmeckerküche. Es ist hellgelb, klar und hat ein feines Nußaroma. Walnußöl ist nicht hoch erhitzbar und eignet sich deshalb nur für die kalte Küche. Besonders gut schmeckt es zu Salaten wie Endiviensalat, Feldsalat oder Radicchio. Als Würzmittel paßt es vorzüglich zu Hülsenfrüchten und roten Rüben (roten Beten). Walnußöl kann gut mit neutralem Öl gemischt werden, um das Nußaroma abzumildern.

GESUNDHEIT

INSEKTENSTICHE

Walnußöl und Teebaumöl zu gleichen Teilen mischen und auf die betroffenen Stellen mehrmals auftragen.

LIPPENHERPES

½ TL Walnußöl, 5 Tr. Teebaumöl

Die Lippen mehrmals mit dieser Ölmischung einschmieren.

Anwendung und Rezepte

Kosmetik

Aufgesprungene Lippen

Walnußöl pur statt einem Fettstift verwenden.

Küche

Spanischer Nudelsalat

400 g Nudeln, 200 g gekochter Schinken (am Stück), 200 g Käse, 200 g Zuckererbsen, 1 große Zwiebel, 10 ml Walnußöl, 5 ml Sherryessig, Salz, Pfeffer

Die Nudeln al dente kochen. Dann unter kaltem Wasser abschrecken und gut abtropfen lassen. Die Zuckerschoten putzen und etwa 4 min in kochendem Wasser blanchieren. Danach sofort abschrecken und halbieren. Den Schinken und den Käse in Streifen und die geschälte Zwiebel in Würfel schneiden. Aus dem Öl, dem Essig, Salz, Pfeffer und den Zwiebelwürfeln eine Vinaigrette rühren. Die Vinaigrette, die Zuckerschoten, die Schinken- und Käsestreifen unter die Nudeln mischen und etwa eine halbe Stunde durchziehen lassen. Mit Salz und Pfeffer abschmecken.

Honig-Mandel-Paste

1 EL Pflanzenöl, 250 g abgezogene Mandeln, 100 ml Walnußöl, Salz, 4 EL dickflüssiger Honig

Pflanzenöl in einer Pfanne erhitzen. Mandeln hinzufügen und bräunen. Auf Küchenpapier abtropfen lassen und mit Walnußöl und Salz im Mixer zu einer glatten, cremigen Masse verarbeiten. Den Honig dazugeben und gut untermischen. Die Paste in ein Glas füllen und abgedeckt in den Kühlschrank stellen. Sie hält sich mindestens 2 Monate.

Walnusspesto

100 ml Walnußöl, 100 g frisches Basilikum, 2 Walnußkerne, Salz

In einem Mörser das Basilikum mit dem Öl zu einer Paste verreiben. Mit Salz und feingehackten Walnüssen abschmecken, in ein Glas geben und in den Kühlschrank stellen. Paßt vor allem zu Nudeln und ist mehrere Wochen haltbar.

Weizenkeimöl

Weizenkeimöl ist ein goldgelbes Öl. Es besitzt einen hohen Anteil an Vitaminen und Lezithin.

Zur gesunden Ernährung bietet sich kaltgepreßtes Weizenkeimöl als wirkungsintensives Öl für Salate und andere Kaltspeisen an. Durch den hohen Gehalt an natürlichem Vitamin E und allgemein hautgünstigen Eigenschaften eignet es sich zum vorbeugenden Pflegen von Haut jeden Typs. Darüber hinaus empfiehlt es sich zur Anwendung bei schwach durchbluteter Haut.

Präparate mit Weizenkeimöl eignen sich ebenso für die Präventiv-Haarpflege und außerdem zur Anwendung bei unzureichend durchbluteter Kopfhaut.

Anwendung und Rezepte

Durch Zufügen ätherischer Öle kann es gezielt auf den individuellen Hauttyp abgestimmt werden.

Wegen des hohen Vitamin E-Gehaltes ist Weizenkeimöl an der Regulierung der Hypophysenfunktion beteiligt und wirkt auf die vegetativen Zentren ein. Es beeinflußt den Kohlenhydratstoffwechsel und wirkt unmittelbar auf die Sexualsphäre. Weizenkeimöl wird häufig bei Abortus, Impotenz, klimakterischen Beschwerden und Menstruationsstörungen oder für die Dammassage empfohlen.

GESUNDHEIT

AKNE-MASKE

1 EL Weizenkeimöl, 1 EL Bienenhonig

Das Weizenkeimöl mit dem Honig vermischen und auf das Gesicht auftragen. Nach einer Einwirkzeit von 5 Minuten wäscht man die Maske mit warmem Wasser und einem weichen Tuch ab.

SCHWANGERSCHAFTSSTREIFEN

500 ml Weizenkeimöl, 9 g Ringelblumenöl

Daraus einen Ölauszug machen und täglich eine Bauchmassage durchführen, bis sich der Bauch nach der Geburt zurückgebildet hat.

BINDEGEWEBSSCHWÄCHE

1 TL Weizenkeimöl, 3 Tr. Grapefruitöl

Täglich die betroffenen Hautflächen damit gut durchmassieren.

KOSMETIK

REINIGUNGSCREME, UNREINE HAUT

40 g Bienenwachs, 70 g Wollwachs, 150 ml Weizenkeimöl, 150 ml Breitwegerichabsud

Das Woll- und das Bienenwachs langsam im Wasserbad (60 °C) schmelzen. Dann das Weizenkeimöl vorsichtig unterrühren. Bei einer Temperatur von exakt 60 °C wird der konzentrierte Breitwegerichabsud dazugegeben und mit einem Mischstab vorsichtig verrührt.

REINIGUNGSCREME, MITESSER

40 g Bienenwachs, 70 g Wollwachs, 150 ml Weizenkeimöl, 150 ml Brunnenkresseabsud

Zubereitung wie Reinigungscreme für unreine Haut.

Anwendung und Rezepte

Sommersprossen und unreine Haut

40 g Bienenwachs, 70 g Wollwachs, 150 ml Weizenkeimöl, 150 ml Lindenblütentee

Zubereitung wie Reinigungscreme für unreine Haut.

Küche

Gazpacho mit Krebsen

2 Eigelb, 100 ml Weizenkeimöl, 50 ml Olivenöl, 190 ml Tomatensaft, 150 ml Gurkensaft, 170 ml Paprikasaft (rot), etwas Rotweinessig, 1 Knoblauchzehe, 16 Krebse, Salzwasser

Eigelb und Öl zu einer Mayonnaise aufschlagen. Tomaten vierteln, im Mixer zerkleinern und durch ein Tuch drücken. Auf die gleiche Weise mit Gurken und Paprikaschoten verfahren. Die Säfte langsam in die Mayonnaise einrühren. Mit Salz und etwas Rotweinessig abschmecken. Die Knoblauchzehe auf eine Gabel stecken, einmal durch die Suppe ziehen. Die Krebse in Salzwasser ca. 3 min. kochen, anschließend aus der Schale brechen und erkalten lassen. Die Suppe auf Eis gut durchkühlen. Die Krebse auf kalte Suppenteller legen, Gazpacho mit dem Stabmixer aufschlagen, auffüllen. Als Einlage dienen fein geschnittene Gurkenwürfel.

Steinöle

Das Tiroler Steinöl hat einen hohen Gehalt an natürlich gebundenem Schwefel, und seine Zusammensetzung verleiht dem Öl eine vielfältige Natur- und Heilkraft. Es wird als Pflegemittel für Haut und Haare verwendet und als Hausmittel für den schmerzenden Bewegungsapparat bis hin zu rheumatischen Beschwerden. Es wirkt entzündungshemmend. Die daraus hergestellte Zugsalbe wird von Ärzten bei entzündlichen Prozessen nach schweren septischen Bauchoperationen oder eitrigen Entzündungen an den Extremitäten verwendet. Nebenbei wirkt das Steinöl durchblutungsfördernd, antiseptisch und schmerzstillend.

Würz- und Kräuteröle

Kaltgepreßte Öle haben zwar schon eine reichhaltige Palette diverser Geschmacksrichtungen, in Verbindung mit Kräutern und Gewürzen kann jedoch noch eine Genußsteigerung erfolgen.

Die meisten Pflanzenöle haben die Eigenart, nur ein minimales Aroma aufzuweisen. Bis auf Nuß- und Olivenöle, sowie einige Spezialöle (Avocado-, Kürbiskern-, Traubenkernöl und andere), sind sehr viele Pflanzenölsorten äußerst zurückhaltend. Um diese dennoch kreativ einzusetzen, kann man neutrale Sorten wie Sonnenblumen-, Raps- und Distelöl, aber auch Oliven- und Traubenkernöl geschmacklich erweitern, aufwerten und phantasievoll verändern.

Anwendung und Rezepte

Herstellung

Es gibt dazu grundlegend zwei Methoden. Die einfachste und unkomplizierteste Methode ist, frische Kräuter zu verwenden. Die Würzkräuter sollten hierbei erntefrisch sein. Diese werden gründlich gewaschen, abgetrocknet und anschließend dem Öl beigefügt. Schon nach einigen Tagen werden die jeweiligen Geschmackskomponenten vom Öl aufgenommen. Je nach ausgewähltem Zusatz erhält man ein mehr oder weniger intensives, würzendes oder nur „leichtparfümiertes" Öl. Der Ansatz sollte, je nach Zusatz, zwischen zwei und vier Wochen stehengelassen werden

Die zweite Methode ist etwas teurer und verlangt etwas Fingerspitzengefühl. Damit ist die Verwendung von ätherischen Ölen gemeint. Hierbei handelt es sich um meist durch Wasserdampf-Destillation hergestellte hocharomatische Pflanzenauszüge. Diese sehr intensiv-ausdrucksstarken Öle werden nur tropfenweise verwendet und sind in Apotheken, Reformhäusern, Drogerien oder Naturkostläden erhältlich. Am lohnenswertesten und geschmacklich interessantesten, falls man Öl auf diese Weise veredeln möchte, sind Rosmarin-, Basilikum-, Pfefferminz-, Petersilien- und Fenchelöl. Möchte man hingegen ein fruchtiges Endergebnis erhalten, welches beispielsweise anschließend in Fisch- oder Geflügelgerichten zum Einsatz kommen soll, werden Orangen-, Zitronen- oder Limonenöl genutzt.

CHILIÖL

3 rote Chilischoten, entstielt und entkernt, in kleine Stücke geschnitten, 100 ml Sojaöl.

Für Chili con Carne, asiatische Gemüsegerichte oder Grillmarinaden geeignet.

WÜRZÖL KNOBLAUCH

1 Knoblauchzehe, halbiert, 100 ml Olivenöl

Dieses Öl paßt gut zu italienischen Antipasti, z. B. getrockneten Tomaten, oder pur auf geröstete Weißbrotscheiben.

Variieren kann man das Öl mit einem Stück kleingeschnittenen Ingwer (ca. 1 cm). Diese Variation paßt zu fernöstlichen Gerichten, insbesondere zu asiatischen Salaten und Gemüse.

KRÄUTERÖL PROVENCE

1 Zweiglein Rosmarin, 1 Zweiglein Thymian, 1 Zweiglein Oregano, 100 ml Olivenöl

Tip: Halbierte Kartoffeln mit dem Öl bestreichen und im Backofen garen.

ROSMARIN-LIMETTEN-ÖL

1 Zweiglein Rosmarin, Schale einer halben Limette, 100 ml Olivenöl

Die Limette waschen, halbieren und die Schale einer Hälfte in einem Stück schälen. Rosmarin und Schale mit Öl übergießen.

Geeignet für Essig-Öl-Marinaden zu Salaten.

GRILLÖL

1 Zweig Rosmarin, 1 Zweig Oregano, 1 Zweig Thymian, 1 Zweig Salbei, 1 Knoblauchzehe (geschält), 1 Chilischote, etwas Senfsaat, einige Korianderkörner, 100 ml Olivenöl

Tip: Fleisch eine Stunde vor dem Grillen in das Öl einlegen. Dies kann man auch mit Schafskäse machen, der dann in Alufolie gegrillt wird.

PETERSILIENÖL

1 Bund glatte Petersilie, 1 TL Salz, 100 ml Traubenkernöl, Distelöl oder Sonnenblumenöl

Geeignet für alle grünen und gemischten Salate, Tomatensalat und für gebratene Fischfilets, Basis für selbstgemachte Mayonnaise.

KNOBLAUCH-MINZE-ÖL

2 geschälte Knoblauchzehen, 6 Stiele Minze, 100 ml Rapsöl

Darin Fleisch anbraten, z. B. Rumpsteak.

INGWER-LIMETTEN-ÖL

Schale einer unbehandelten Limette, 5 cm frischer Ingwer (in dünne Scheiben geschnitten), 250 ml Sojaöl

Geeignet für asiatische Reisgerichte, Wok-Gemüse, Marinieren von Geflügel.

KRÄUTERÖL

1 eingelegter Pfefferoni, 1 Lorbeerblatt, 2 TL Kräuter der Provence, 10 bunte Pfefferkörner, 2 bis 3 Knoblauchzehen, 750 ml Olivenöl

Geeignet zum Würzen von Salaten, Soßen, Marinaden.

PILZÖL

10 g Trockenpilze (Steinpilze, Herbsttrompeten, Nelkenschwindlinge, Champignons, Austernpilze usw.), 500 ml Olivenöl

Je nach Geschmack und Bedarf können Pilzöle noch weiter aromatisiert werden, beispielsweise mit Sherry, Rosmarin, Thymian, Majoran, Lorbeerblättern, Pfefferkörnern oder Knoblauch.

Pilzöl ist vor allem für Pilzsalate oder zum Anbraten von Pilzen geeignet. Schnitzel oder Steaks bestreicht man mit Pilzöl, läßt sie über Nacht im Kühlschrank ziehen und bereitet sie am nächsten Tag zu.

Anwendung und Rezepte

SCAMPIÖL

600 ml Traubenkernöl, 50 g Mischgemüse (Lauch, Schalotten, Karotten, Fenchel), je 1 Stengel Thymian, Petersilie, Zitronengras, 1 TL Koriandersamen (gemahlen), 1 TL Fenchelsamen (gemahlen), 2 Sternanis, 900 g Schalen (von rohen Scampi, Hummer oder Krabben), 1 EL Tomatenmark, 900 ml Wasser, 1 TL Salz, Cognac zum Flambieren

Etwas Öl in die Pfanne geben und das Mischgemüse glasig braten, dann die Kräuter zugeben und gut vermischen. Die Meeresfrüchteschalen zugeben und vier Minuten anbraten lassen, bis sie sich verfärbt haben. Den Cognac hinzufügen und entzünden. Flambieren, bis der Alkohol abgebrannt ist. Die Pfanne vom Ofen nehmen und die Schalen in kleine Stücke (Fingernagelgroß, mit Fleischklopfer) zerbrechen. Das restliche Traubenkernöl hinzugeben und in einen großen Topf geben. Dann das Wasser und das Salz zufügen und bei starker Hitze zum Kochen bringen. Eine halbe Stunde kochen lassen, vom Herd nehmen und abkühlen lassen. Danach durch ein Baumwolltuch abfiltrieren und in den Kühlschrank (ca. 3 h) stellen. Zum Schluß wird das Öl abgeschöpft. Darauf achten, daß kein Wasser mitgenommen wird. Hält sich höchstens zwei Wochen.

Das Öl eignet sich für Pastagerichte, Meeresfrüchtesalate, zum Beträufeln von gegrilltem Hummer, zu Fisch- oder Meeresfrüchte-Ravioli

SEIFEN AUS PFLANZENÖLEN

Zur Seifenherstellung verwendet man entweder nur pflanzliche Öle und Fette oder ein Gemisch aus Talg oder Schmalz mit Rapsöl, Olivenöl, Kokosfett oder anderen Ölen. Da die natürlichen Fette und Öle aus den verschiedensten Ölarten zusammengesetzt sind, welche die unterschiedlichsten Eigenschaften bezüglich Härte, Schaumbildung und Stabilität besitzen, kann man durch geeignete Mischungsverhältnisse die Eigenschaften der fertigen Seife beeinflussen.

Fette und Öle werden mit Natronlauge (NaOH) vermischt. Dabei ist es wichtig, das richtige Verhältnis zu finden. Jedes Öl braucht eine bestimmte Menge an Lauge, um daraus eine Seife bilden zu können, die nicht zu stark basisch (**Vorsicht: ätzend!**) oder nicht zu ölig ist. Bei zu geringer Laugenmenge werden nicht alle Öle verseift und die Seife wird schmierig. Hierfür gibt es genaue Tabellen, womit man man die notwendige Laugenmenge auf das Gramm genau bestimmen kann.

SEIDENSEIFE MIT KARITÉ

400 g Rapsöl, 300 g Kokosnußöl, 300 g Palmöl, 250 g Olivenöl, 120 g Kakaobutter, 90 g Karité (Shea Butter), 40 g Rizinusöl, 520 g destilliertes Wasser, 206 g NaOH-Plättchen, 1 bis 2 EL Seidenfasern, auf Wunsch 30 bis 40 ml ätherisches Öl

Seife unter Beachtung aller Sicherheitsregeln herstellen: Palmfett, Kokosfett und Kakaobutter werden langsam geschmolzen, die Karité wird zum Überfetten der Seife aufgehoben und in einer kleinen Schüssel ebenfalls zerlassen. Aus dem kalten, destillierten Wasser und den NaOH-Plättchen die Lauge herstellen und die Seidenfasern einrühren. Die Mischung stehen lassen, bis sich die Seide gelöst hat und die Lauge nur mehr handwarm oder kühler ist.

Die geschmolzenen Pflanzenfette werden mit Olivenöl, Rapsöl und Rizinusöl vermischt, die Mischung auf 38 bis 40 °C temperiert, dann wird langsam und unter ständigem Rühren die Lauge dazugegeben. Abwechselnd mit dem Stabmixer und dem Kochlöffel rühren, bis die Seife andickt („auflegt"), dann die geschmolzene, temperierte Karité dazugeben und alles gründlich vermischen. Auf Wunsch kann jetzt mit ätherischen Ölen parfümiert werden, 10 ml pro 500 g Fettansatz. Die Seifenmasse in die vorbereitete Form gießen und abdecken. Je nach Umgebungstemperatur schwach bis gar nicht (Sommer) isolieren, da die Seidenfasern eine starke Erwärmung der Seife bewirken. Nach dem Auskühlen kann die Seife geschnitten werden. Danach vier Wochen reifen und trocknen lassen.

KAFFEESEIFE MIT MANDELÖL

480 g Kokosnußöl, 480 g Palmöl, 400 g Rapsöl, 160 g Pflanzenmargarine, 80 g Mandelöl zum Überfetten, 550 g kalter, schwarzer Kaffee aus destilliertem Wasser, 234 g NaOH-Plättchen, 1 bis 2 TL gemahlener Kaffee, auf Wunsch 1 TL Vanilleduftöl

Kokosnußöl, Palmöl und Pflanzenmargarine bei sanfter Hitze zum Schmelzen bringen und in der Zwischenzeit unter Beachtung der Sicherheitsregeln aus dem schwarzen Kaffee und dem NaOH die Lauge herstellen.

Rapsöl zu den geschmolzenen Fetten geben, vorsichtig die Lauge in die Öl/Fettmischung gießen und zum Andicken bringen, Kaffeepulver, Mandelöl und, falls gewünscht, Vanilleduftöl hineinrühren, alles gut vermischen.

In die vorbereitete Form füllen, abdecken und gut isolieren. Nach 24 Stunden bzw. nach dem Abkühlen die Seifenmasse aus der Form nehmen, schneiden, 4 bis 6 Wochen nachreifen und trocknen lassen.

WACHOLDER-ORANGEN-SEIFE

850 g Olivenöl, 760 g Kokosöl, 700 g Palmöl, 650 g Rapsöl, 40 g Bienenwachs, 1000 g destilliertes Wasser, 425 g NaOH-Plättchen, Annattosamen-Extrakt zum Marmorieren, 30 ml Wacholderöl, 30 ml Orangenöl, 20 ml Zitronengrasöl

Aus Wasser und NaOH-Plättchen die Lauge rühren und abkühlen lassen, feste Pflanzenfette und Bienenwachs schmelzen, dann die Pflanzenöle dazugeben, die Mischung auf ca. 45 °C temperieren. Handwarme Lauge zu der Fett/Ölmischung gießen, verrühren und zum Andicken bringen und die ätherischen Öle dazu geben. Halbe Masse in die vorbereitete Form gießen. Die andere Hälfte mit dem Annattosamen-Extrakt färben und ebenfalls in die Form gießen.

LUXUSSEIFE

600 g Olivenöl, 160 g Avocadoöl, 80 g Mandelöl, 80 g Kakaobutter, 80 g Kokosöl, 340 ml destilliertes Wasser, 125 g NaOH-Plättchen, eventuell 20 bis 30 ml ätherisches Öl

Aus Wasser und NaOH-Plättchen die Lauge rühren und abkühlen lassen, Kokosöl und Kakaobutter schmelzen, dann die Pflanzenöle dazugeben, eventuell das halbe Avocadoöl

Anwendung und Rezepte

zurückbehalten, die Mischung auf ca. 40 bis 45 °C temperieren. Handwarme Lauge zu der Fett/Ölmischung gießen, verrühren und zum Andicken bringen und das restliche Avocadoöl einrühren. Wer mag, fügt jetzt auch die ätherischen Öle dazu. Seifenmasse in die vorbereitete Form geben und gut isolieren. Nach dem Auskühlen schneiden und 4 bis 6 Wochen trocknen und reifen lassen.

Karottenseife mit Petersilie

500 g Palmöl, 500 g Olivenöl, 500 g Kokosöl, 500 g Rapsöl, 200 g Haselnußöl, 150 g grünes Avocadoöl zum Überfetten, 120 g Rizinusöl, 500 ml Karottensaft, 350 g destilliertes Wasser, 340 g NaOH-Plättchen, 3 TL Meersalz, 2 bis 3 EL gefriergetrocknete Petersilie, je 30 ml Zitronen- und Orangenöl, 10 ml Muskatellersalbei, eventuell 1 bis 2 TL Annattosamen-Extrakt

Harte Fette zum Schmelzen bringen, dann die Pflanzenöle außer dem Avocadoöl dazugeben. Die Mischung auf ca. 40 bis 45 °C abkühlen lassen. Aus Wasser und NaOH-Plättchen eine konzentrierte Lauge herstellen, das in etwas warmen Wasser gelöste Meersalz dazugeben. Handwarme Lauge zu der Fett/Ölmischung gießen, verrühren, lauwarmen Karottensaft dazugeben. Die Seife zum Andicken bringen und die ätherischen Öle und Kräuter einrühren. Grünes Avocadoöl hineingeben, in die vorbereitete Form geben und gut isolieren. Nach dem Auskühlen schneiden und 4 Wochen trocknen lassen.

Kräuter-Shampooseife (für feines, leicht nachfettendes Haar)

384 g Olivenöl, 360 g Kokosnußöl, 300 g Rizinusöl, 60 g Traubenkernöl, 60 g Mandelöl, 36 g Jojobaöl zum Überfetten, 370 g Kamillen-Lavendeltee, 170 g NaOH-Plättchen, je 10 ml Zitronengrasöl und Minzöl

Seife unter Beachtung der Sicherheitshinweise herstellen, nach dem Auskühlen schneiden und ca. 6 bis 8 Wochen trocknen lassen, durch den hohen Rizinusanteil kann es auch noch länger dauern, bis sie hart wird.

Salbei-Olivenölseife

1000 g Olivenöl, 300 g Kokosnußöl, 300 g Palmöl, 300 g Rapsöl, 100 g Sonnenblumenöl, 660 g dest. Wasser, 275 g NaOH-Plättchen, 1 bis 2 EL Salbei, 1 bis 2 TL Rosmarin, nach Wunsch je 10 bis 20 ml Salbeiöl und Rosmarinöl

Seife unter Beachtung der Sicherheitshinweise herstellen, nach dem Auskühlen schneiden und ca. 4 bis 6 Wochen trocknen lassen.

Confettiseife

500 g Palmfett, 500 g Pflanzenmargarine, 400 g Kokosnußöl, 400 g Rapsöl, 350 g Sonnenblumenöl, 50 g Bienenwachs, 700 ml destilliertes Wasser, 2 TL Meersalz, 300 g NaOH-Plättchen, je 10 ml Palmarosa und Rosenholz, 1400 g Seifenwürfel

Seife unter Beachtung der Sicherheitshinweise herstellen, nach dem Andicken der Seifenmasse die Seifenwürfel vorsichtig unterheben, gleich nach dem Auskühlen schneiden und ca. 4 Wochen trocknen lassen.

GÄRTNERFREUND

600 g Olivenöl, 600 g Rapsöl, 500 g Kokosnußöl, 500 g Palmfett, 250 g Pflanzenmargarine, 150 g Rizinusöl, 50 g Bienenwachs, 880 g destilliertes Wasser, 2 TL Meersalz, 362 g NaOH-Plättchen, je 10 ml Teebaumöl, Pfefferminzöl, Spearmintöl, Eukalyptusöl, Patchouliöl, 3 EL Salbei, 2 EL Mohnsamen, je 1 EL Pfefferminze, Kamillenblüten, Zitronenmelisse, Hafermehl

Seife unter Beachtung der Sicherheitshinweise herstellen, nach 24 Stunden, bzw. wenn die Masse ausgekühlt ist, schneiden, und 4 bis 6 Wochen trocknen lassen. Eventuell einen Teil der fertig bedufteten Seifenmasse vor Zugabe der Kräuter abnehmen.

TEEBAUMÖLSEIFE MIT LAVENDEL- UND DISTELÖL

820 g Olivenöl, 500 g Kokosnußöl, 200 g Distelöl, 50 g Rizinusöl, 30 g Bienenwachs, 2 EL Traubenkernöl (zum Überfetten), 520 g destilliertes Wasser, 230 g NaOH- Plättchen, 30 ml Teebaumöl, 10 ml Lavendelöl, 1 TL Salbei, 1 TL Gelbwurz

Seife unter Beachtung der Sicherheitshinweise herstellen, nach 24 Stunden, bzw. wenn die Masse ausgekühlt ist, schneiden und 4 bis 6 Wochen trocknen lassen.

EINFACHE HAFERSEIFE

750 g Pflanzenmargarine, 500 g Kokosnußöl, 500 g Olivenöl, 520 g destilliertes Wasser, 248 g NaOH-Plättchen, 5 bis 7 EL Hafermehl, 1 bis 2 EL Honig

Seife unter Beachtung der Sicherheitshinweise herstellen, nach 24 Stunden, bzw. wenn die Masse ausgekühlt ist, schneiden und 4 bis 6 Wochen trocknen lassen.

DUFTSEIFE

400 g Olivenöl, 380 g Kokosnußöl, 300 g Palmöl, 200 g Rapsöl, 130 g Traubenkernöl, 80 g Rizinusöl, 70 g Karité zum Überfetten, 60 g Kakaobutter, 650 g dest. Wasser, 242 g NaOH-Plättchen, 25 ml Duftöl oder 10 ml Patchouliöl

Seife unter Beachtung der Sicherheitshinweise herstellen, nach 24 Stunden, bzw. wenn die Masse ausgekühlt ist, schneiden und 4 bis 8 Wochen trocknen lassen. Wer ein unproblematisches Duftöl oder ein ätherisches Öl verwendet, kann die Wassermenge getrost um 80 bis 100 ml reduzieren.

ZIEGENMILCHSEIFE MIT MANDELÖL

500 g Rapsöl, 500 g Kokosöl, 455 g Palmöl, 250 g Pflanzenmargarine, 200 g Olivenöl, 150 g Sonnenblumenöl, 70 g Rizinusöl, 150 g Mandelöl zum Überfetten, 775 g frische Ziegenmilch (2,8 % Fett), 315 g NaOH-Plättchen

Ziegenmilch frieren, dabei immer wieder umrühren, bis sie fast vollständig durchgefroren ist, dann den Behälter in ein Gefäß mit eiskaltem Wasser und Eiswürfeln stellen. Nun werden die NaOH-Plättchen langsam dazu gegeben, damit die Milch nicht überhitzt wird (Dauer ca. 5 bis 10 min). Seife unter Beachtung der Sicherheitshinweise herstellen, nach 24 Stunden, bzw. wenn die Masse ausgekühlt ist, schneiden und 6 bis 8 Wochen trocknen lassen.

TIPS

- Speiseöl wird in Asien oft als Pflegemittel verwendet. Das wichtigste Kochgeschirr, der Wok, rostet leicht. Um dem vorzubeugen, erhitzen Köche einen Tropfen Öl im Wok und verteilen ihn als dünnen Schutzfilm. Diese Methode ist für jedes Kochgeschirr geeignet, besonders bei Pfannen, in denen nichts anbrennen soll.

- Oft entstehen auf dunklen Holztischen weiße Ringe durch Abdrücke von Tassen oder Gläsern. Dies kann man mit einem Gemisch von Zigarettenasche mit Speiseöl entfernen, indem man es auf dieser Stelle verteilt und einige Zeit reibt. Dies sollte man nur bei dunklem Holz machen. Leinsamenöl wirkt besonders gut als Pflegemittel für Teak und harte Hölzer. Vor der Anwendung sollte es abgekocht werden.

- Heftpflaster entfernt man am besten, wenn man das Pflaster mit einigen Tropfen Öl bestreicht, kurz einwirken läßt und dann abzieht.

- Um das Brüchigwerden von dunklen Ledermöbeln zu verhindern, reibt man diese alle 6 Monate mit Rizinusöl ein.

- Aus 55 Teilen Kolophonium, 35 Teilen Leinöl und 10 Teilen Honig erzeugt man ein klebendes Fliegenpapier.
  Man mischt unter Erwärmen das Leinöl mit dem Kolophonium und rührt, bis sich dieses Kolophonium aufgelöst hat. Dann mischt man den Honig dazu und bestreicht mit einem Pinsel Pergamentpapier mit diesem noch warmen Fliegenleim. Um Fliegen schneller zu töten, kann man der Mischung noch eine starke Abkochung von Pfeffer oder Quassiaholz zugeben.

- Wasserdichten Leim kann man selbst herstellen, indem man 1 Teil Tischlerleim in 4 Teilen Wasser kocht, dann 11 Teile Leinöl zufügt und 5 Minuten mitkocht.

RECHTLICHE RAHMENBEDINGUNGEN FÜR PFLANZLICHE ÖLE IN ÖSTERREICH

Die Produktion von Ölen unterliegt mehreren Gesetzen und Verordnungen.

1. Lebensmittelgesetz 1975 (LMG 1975) BGBl Nr. 86, wichtige Punkte:

    1.1 Inverkehrbringen (§ 1)
    1.2 Lebensmittelverkehr (§§7,8)
    1.3 Verbote gesundheitsbezogener Angaben (§9)
    1.4 Besondere Vorschriften über die Behandlung von Pflanzen zur Gewinnung von Lebensmitteln pflanzlicher Herkunft (§16)
    1.5 Hygiene (§§20-25, Codex A)

2. Österreichisches Lebensmittelbuch, Kapitel 30

Dies sind zwar keine Gesetze und Verordnungen, sie stellen jedoch ein umfassendes Expertengutachten dar, das meist vor Gericht als Grundlage dient und anerkannt wird.

   1) Anforderungen
     1.1) Geruch und Geschmack sind neutral bis arteigen und nicht kratzend, bitter, ranzig oder fischig.

     1.2) Folgende Höchstmengen dürfen nicht überschritten werden:

Unlösliche Verunreinigungen	0,05	%
Seifengehalt	0,005	%
Eisen	1,5	mg/kg
Kupfer in naturbelassenen Ölen	0,4	mg/kg
Kupfer in raffinierten Ölen	0,15	mg/kg
Blei	0,1	mg/kg
Arsen	0,5	mg/kg

     1.3) Die Säurezahl (mg KOH/g Öl) ist ein Maß für den Gehalt an freien Säuren. Sie beträgt bei
     - Raffinierten Speiseölen   <0,4
     - Nicht raffinierten Speiseölen   <4,0
     - Nativem Olivenöl   <6,6

     1.4) Die Peroxidzahl (Milliäqivalente aktiver Sauerstoff/kg Öl) ist ein Anhaltspunkt für oxidative Fettveränderung
     Sie beträgt bei
     - Speiseölen   <10,0
     - Kürbiskernöl   <15,0
     - Nativem Olivenöl <20,0

1.5) Festsetzung des Höchstgehaltes an Erucasäure
Bei zum unmittelbaren menschlichen Genuß bestimmten Speiseölen darf der Gehalt höchstens 5 % betragen.

1.6) Folgende Zutaten können Speiseölen in den zugelassenen Mengen zugesetzt werden
- Antioxidantien (z. B. Zitronensäure, Ascorbinsäure)
- Geruch- und geschmackgebende Zutaten
- Emulgatoren
- Farbstoffe
- Vitamine
- Geschmacksverstärker

2) Bezeichnungen
2.1 Speiseöle, die nach einer bestimmten Pflanzenart benannt sind, müssen aus dieser gewonnen worden sein. Ein Gehalt an anderen Ölen bis zu 3 % wird toleriert. Alles was darüber ist, muß als Speiseöl, Tafelöl, Salatöl bezeichnet werden.
2.2 Leinöl wird stets als solches bezeichnet, auch bei solchen, die Leinöl enthalten, wird auf den Gehalt hingewiesen.
2.3 Gemische verschiedener Öle haben höchstens einen Wassergehalt von 0,5 %.
2.4 Als „naturbelassen", nicht raffiniert, kaltgeschlagen, kaltgepreßt, warmgepreßt, Jungfernöl dürfen nur Speiseöle bezeichnet werden, die lediglich durch mechanische oder physikalische Prozesse gewonnen werden und nur durch Waschen, Absetzenlassen, Filtrieren oder Zentrifugieren gereinigt werden. Sie enthalten keine sonstigen Zutaten.

3) Beurteilung
3.1 Verfälschung liegt dann vor, wenn
- Der Wassergehalt bei Speiseölen >0,2 % ist.
- Speiseöle, die unter Zusatz von Speiseölen hergestellt worden sind, einen Gesamtfettgehalt von mehr als 5 % aufweisen und mehr als 5 % Erucasäure im Fettsäureanteil enthalten.
- Als „naturbelassen" bezeichnet sind und durch andere Prozesse gewonnen, gereinigt worden sind oder Zusatzstoffe enthalten.
- Auf einen hohen Anteil an mehrfach ungesättigten Fettsäuren hingewiesen wird und weniger als 50 % Linolsäure im Gesamtfettsäuregehalt enthalten ist.
- Auf einen besonders niedrigen Anteil an gesättigten Fettsäuren hingewiesen wird und der Anteil an gesättigten Fettsäuren mehr als 20 % im Gesamtfettsäureanteil beträgt.
3.2 Als falsch bezeichnet wird es dann beurteilt, wenn
- Leinöl und Leinöl enthaltene Mischungen ohne Hinweise darauf sind.

3. Lebensmittelkennzeichnungsverordnung (LMKVO) BGBl 1993/72

Dies trifft für alle pflanzlichen Öle zu, die verpackt und für den Endverbrauch bestimmt sind.

4. Lebensmittelhygieneverordnung BGBl II 1998/31

5. Schädlingsbekämpfungsmittel-Höchstverordnung BGBl 1995/747

Weiters in besonderen Fällen
- Produktsicherheitsgesetz BGBl 63/1995
- Fertigverpackungsverordnung 1993
- Nährwertkennzeichnungsverordnung 1995
- Verordnung (EWG) 2092/91 über den ökologischen Landbau und die entsprechende Kennzeichnung der landwirtschaftlichen Erzeugnisse und Lebensmittel
- Verordnung (EWG) 2081/92 zum Schutz von geographischen Angaben und Ursprungsbezeichnungen für Agrarerzeugnisse und Lebensmittel

Lohnpressen + Ölverkauf

Deutschland
- Vitis Ölmühle KG, Spielstraße 17, D-54349 Trittenheim, Tel: +49 6507 92600, Fax: +49 6507 926060, Email: info@vitis-vital.de (Traubenkernöl, -creme)
- NaturGut GmbH, Tuskulumweg 22, D-79837 St. Blasien, Tel: +49 7672 931612, Fax: +49 7672 931620 (Sanddornfruchtfleischöl, -creme)
- Walter Rau Neusser Öl und Fett AG, Industriestraße 36-40, D-41460 Neuss, Tel: +49 2131 2080

Österreich
- Waldviertler Mohnhof, Haiden 11, A-3631 Ottenschlag, Telefax: +43 2872 7449 (Mohn, Mohnöl)
- Mühlviertler Ölmühle, A-4170 Haslach; Tel. +43 7289 71216 (Mohnöl, Sesamöl, Hanföl, Kürbiskernöl, Distelöl, Leinöl, Sonnenblumenöl)
- Tiroler Steinölwerke Albrecht GmbH & CO KG, A-6213 Pertisau, Tel: +43 5243 5877, Fax: +43 5243 587775, Email: tiroler@steinoel.at (Steinöl)
- Anni + Franz Resch, Trag 66, A-8541 Hollenegg, Tel: +43 3467 8810; Fax: +43 3467 8177 (Traubenkernöl, -creme; Kürbiskernöl)
- Ölmühle Fandler, Prätis 1, A-8225 Pöllau, Tel: +43 3335 2263 0, Fax: Dw 5, Email: info@fandler-oil.com (Walnuß-, Haselnuß-, Kürbiskern-, Mohn-, Erdnuß-, Mandel-, Sesam-, Oliven-, Distel-, Lein-, Raps-, Sonnenblumen-, Hanföl)
- Lödersdorfer Kernölpresse GmbH, A-8334 Lödersdorf 38, Tel: +43 3152 37278, Fax: Dw 80 (Kürbiskernöl)
- Ölmühle Riegler-Nurscher, Straß 1, A-3243 St.Leonhard, Telefax: +43 2756 8096, Email: office@hanf.co.at (Hanf-, Lein-, Distel-, Sonnenblumen-, Walnuß-, Rapsöl)
- Ölmühle Karl Kleinschuster GmbH & CoKG, A- 8362 Übersbach 203, Tel: +43 3387 3257, Fax: +43 3387 2046, Email: oelmuehle@kleinschuster.at (Kürbiskern-, Olivenöl)
- Weinhandl-Mühle, Dirnbach 12, A-8345 Straden, Tel: +43 3473 8286 0 Fax: Dw 16, Email: office@weinhandl-muehle.at (Kürbiskern-, Rapsöl)

Schweiz
- Pflanzenoel.ch GmbH, Hardhof, CH-5306 Tegernfelden, Tel: +41 56 245 8077, Fax: +41 56 245 8075

Ölmuseen

- Olivenölmuseum, Cisano di Bardolino Verona, Via Peschiera 54, Tel. +39 045 6229047, Fax: +39 045 6229024, www. museum.it
- Predinger Kürbismühlenmuseum, A- 8504 Preding, Tel: +43 3185 2222

Ölpressenhersteller

- Egon Keller GmbH & Co, Anton-Küppers-Weg 17, D-42824 Remscheid, Tel +49 2191 84100, Fax: +49 2191 8628, Email: info@keller-kek.de
- IBG Monforts Oekotec GmbH & Co. KG, An der Waldesruh 23, D-41238 Mönchengladbach, Tel: +49 2166 868290, Fax: +49 2166 868244, Email: oekotec@ibg-monforts.de
- Maschinenfabrik Reinhartz GmbH & Co. KG, Industriestraße 14, D-41409 Neuss, Tel: +49 2131 97610, Fax: +49 2131 976112; Email: reinhartzpressen@t-online.de
- Valentin Stossier OHG, Hauptstraße 136, A-9210 Pörtschach, Tel:+43 4272 2238 0 Fax: Dw 15, Email: info@stossier.at

Sonstige Adressen

- Verband Deutscher Ölmühlen e.V., Am Weidendamm 1 A, D-10117 Berlin Tel: +49 30 72625900, Fax: +49 30 72625999, Email: info@oelmuehlen.de
- Bundesverband Pflanzenöle e.V., Neuwieser Straße 19, D-66111 Saarbrücken, Tel: +49 681 3907808, Fax: +49 681 3907638, Email: pflanzenoel@web.de
- Saatzucht Edelhof, Edelhof 1, A-3910 Zwettl, Telefax: +43 2822 52402 16, Email: info@saatzucht.edelhof.at

LITERATUR

Ahrens, W., Sneyd, J., Mohn, Ulmer Verlag, 2000
Belitz, Grosch, Lehrbuch der Lebensmittelchemie, Springer Verlag 2001
Bokitsch, M., Nahrungsmittelfette und -öle, Ulmer Verlag 1993
Emmerson, M., Ewin, J., Ein Fest der Öle, Ehrenwirth, 1996
Farrington, K., Essig & Öl, Gondrom Verlag 1999
Fischer, W., Ölpflanzen-Pflanzenöle, Frankh´sche Verlagshandlung 1948
Groot-Böhlhoff et al., Ernährungswissenschaften, Verlag Europa 1998
Hackbarth, J., Die Ölpflanzen Mitteleuropas, Wissenschaftliche Verlagsgesellschaft 1944
Handlbauer, A., Pflanzenöle, Freya Verlag, 2001
Isert, H., Wildrosenöl, Verlag Econ & List
Kerschbaumer, S., Schweiger, P., Untersuchungen über die Fettsäure- und Tocopherolgehalte von Pflanzenölen, Landesanstalt für Pflanzenbau Forchheim 2000
Kircher, N., Heilen, pflegen, kochen mit Speiseölen, Oeschverlag 2000
Mitsotakis, J.G., Kenntnis des Olivenöls, Dissertation, Leipzig 1928
Pohl, S., Das Ölbuch, Selbstverlag 2001
Roth, L., Korman, K., Ölpflanzen-Pflanzenöle, Ecomed 2000
Schuster, W., Ölpflanzen, DLG-Verlag 1992
Sperber, Barisich, Weigl, Öl- und Eiweißpflanzen, Agrar-Verlag 1988
Storm-Kull, Schwarzkümmel, Moewig Verlag 1998
Ulmer, G.A., Heilende Öle, Ulmer Verlag
Waniorek, L. u. A., Kürbis und Kürbiskernöl, Eigenverlag
100 Jahre die Steinölbrenner vom Bächental am Achensee, Tiroler Steinwerke 2002

Internet-Adressen

http://www.syngenta.de/crop/
http://www.stmlf.bayern.de/
http://www.neue-werte.de/html/Leistungen/Rohstoffe/Pflanzendb/Oelpflanzen/
http://www.kreidezeit.de/farben_daten/pdf/Safloroel_von_Kreidezeit.pdf
http://www.groetzner-pflanzenzucht.de/pdf/TRICK.pdf
http://bibd.uni-giessen.de/gdoc/2000/uni/p000003/w_lupine.htm
http://www.lgs.grossenhain.de/nawaros/pfkat_ht/krambe.html
http://www.ilv.uni-kiel.de/krambe/krambe.htm
http://www.steinoel.at/steinoel2.htm
http://www.margarine-institut.de/
http://www.gwdg.de
http://www.heess.de
http://www.raps.ch
http://www.oelpresse.com
http://www.pflanzenoel.ch
http://www.steinoel.at/

AUS UNSEREM PROGRAMM:

ISBN 3-7020-0755-5
Andreas Fischerauer

ESSIG SELBST GEMACHT
Gär- und Kräuteressig, Senf

3. Auflage, 124 Seiten, zahlreiche farbige Abbildungen und Skizzen, Hardcover

Essig zählt zu den ältesten, am meisten verwendeten und beliebtesten Würzmitteln der Menschheit. Die Kenntnis seiner Bereitung ist so alt wie die Erfahrung, daß sich alkoholische Getränke beim Stehenlassen in Essig verwandeln. Dieses Buch beschreibt bis ins kleinste Detail, ergänzt durch eine Fülle von Farbfotos, die Verfahren der Essigherstellung und die Präsentation des gebrauchsfertigen Produktes bzw. der verkäuflichen Ware. Es bringt alte und neue Rezepturen für Kräuter-, Gewürz- und Aromaessig und gibt ferner Auskunft über die Senf-(Mostrich-)Bereitung, deren Grundlagen ebenfalls auf Essig beruhen.

Aus dem Inhalt:
- Geschichte der Essigbereitung
- Kleine Essigkunde
- Die Essigbereitung
  – Kräuteressig
  – Gewürzessig
  – Aromaessig
- Essigrezepte
- Die Senfbereitung
- Senfrezepte
- Vermarktung

ISBN 3-7020-0774-1
Buchgraber/Frühwirth/
Köppl/Krautzer

PRODUKTIONSNISCHEN IM PFLANZENBAU
Ginseng, Kümmel, Hanf & Co

136 Seiten, zahlreiche Farb- und S/W-Abbildungen, 5farbiger, cellophanierter Umschlag, brosch.

Viele Landwirte suchen nach Pflanzen und Samen, bei deren Vermarktung sich höhere Einkommen erzielen lassen als bei der Produktion von Massenkulturen. Dieses Buch gibt einen Überblick über 35 nicht ganz alltägliche pflanzenbauliche Alternativen. Es beschreibt die Ansprüche der jeweiligen Kultur, ferner Anbau, Pflege, Pflanzenschutz, Ernte, Verarbeitung und Vermarktung. Somit wird es zum unentbehrlichen Ratgeber für jeden Landwirt, der sich mit neuen, gewinnbringenden Produktionszweigen beschäftigen will.

Aus dem Inhalt:
- Speise-, Öl- und Faserpflanzen
- Samen- und Blattgewürze
- Kräuter und Wurzeln
- Sämereienvermehrung
  – Gräser
  – Alpingräser
  – Leguminosen
  – Wildblumen

Bestellen Sie unverbindlich und kostenlos unser Gesamtverzeichnis:
A-8011 Graz • Hofgasse 5 • Postfach 438 • Telefon (0 316) 82 16 36

Weinhandl-Mühle
Ölpresse & Mühlenladen

Dirnbach 12, 8345 Straden
Telefon 0 34 73/82 86
www.weinhandl-muehle.at
office@weinhandl-muehle.at

Mohnöl
„Das Olivenöl des Nordens"

WALDVIERTLER MOHNHOF

Familie Greßl
Haiden 11
A-3631 Ottenschlag
Tel. 02872/7449

www.mohnhof.at

SteirerKraft
DIE KRAFT DES ORIGINALS
KÜRBISKERN-SPEZIALITÄTEN

Kürbiskernöl
Fruchtessig
Kürbiskernprodukte
Käferbohnen
Detailverkauf
tolle Geschenksideen
Ölmühle (Lohnpressen)

Telefon 0 31 78/25 25-0
Fax 0 31 78/25 25-15
www.steirerkraft.com

AUS UNSEREM PROGRAMM:

ISBN 3-7020-0910-8

Franz S. Wagner

RÄUCHERN, PÖKELN, WURSTEN

Schwein, Rind, Wild, Geflügel

146 Seiten, durchgehend farbige Abbbildungen, Hardcover

Die eigene Erzeugung von Wurstspezialitäten, Speck und Schinken, Pökel- oder Surfleisch aus den verschiedensten Fleischarten inklusive Wild und Geflügel findet immer mehr Freunde.
Doch das richtige Zubereiten, Würzen, Reifenlassen und vor allem Räuchern hat seine Geheimnisse! Auf das „Gewußt wie" kommt's an.

- Räuchertechnologie kalt, warm und heiß
- Pökeln – trocken und naß
- Wursten – von der Leberwurst bis zur Salami und zu geräucherten Spezialitäten, Pastetenerzeugung
- Zahlreiche Rezepte und regionale Spezialitäten für alle Fleischarten (Schwein, Rind, Lamm, Wild und Geflügel)

ISBN 3-7020-0789-X

Marianne Obermair / Romana Schneider

HALTBARMACHEN

Gemüse – Kräuter – Pilze

144 Seiten, zahlreiche farbige Abbildungen, griffester Umschlag, brosch.

Von Großmutters Zeiten bis heute: Dieses Buch mit seiner Vielzahl von alten und neuen Rezepten gibt umfassend darüber Auskunft, wie Gemüse, Kräuter und Pilze haltbar gemacht werden können. Es beschreibt u.a. das Einfrieren, Einkochen, Einlegen in Essig, Öl oder Salz, das Einsäuern (z.B. Sauerkraut), das Trocknen (von Kräutern und Pilzen), das Mahlen (von Pilzen und Paprika) sowie das Herstellen von Pasten, Chutneys, Gemüsemarmeladen, Würzölen und -mischungen bis hin zum Einwintern von Frisch- und Wurzelgemüse. Darüber hinaus bringt es noch viele Tips für bäuerliche Direktvermarkter.
Pflichtlektüre für Hausfrauen und -männer, Gartenbesitzer, Pilzsucher und alle, die Wert auf gesunde oder ausgefallene Nahrung legen.

Bestellen Sie unverbindlich und kostenlos unser Gesamtverzeichnis:
A-8011 Graz • Hofgasse 5 • Postfach 438 • Telefon (0 316) 82 16 36

Seit über 600 Jahren

MÜHLVIERTLER ÖLMÜHLE HASLACH

Entdecken Sie ein besonderes Öl
Beste Qualität aus Tradition
**Leinöl
Hanföl
Distelöl
Mohnöl
Sesamöl
Kürbiskernöl
Sonnenblumenöl**

Mühlviertler Ölmühle Haslach
Ing. Gunther Koblmiller
A-4170 Haslach an der Mühl, OÖ
Tel. (+43)07289/71216
e-mail info@oelmuehle-haslach.at
www.oelmuehle-haslach.at

Beratung in Sachen Lebensmittel-, Umwelt- und Biotechnologie, sowie Chemie, Ernährung, Landwirtschaft und Marketing

Wir sind für Sie da:
- Bei allen Fragen im Bezug auf Lebensmittel, Landwirtschaft und Umwelttechnik
- Für die Beratung im Bereich Hygiene und Erstellung von HACCP-Konzepten
- Für die Gestaltung und Durchführung von Projekten
- Optimierung und Neugestaltung von Produkten
- Für Fachvorträge und Schulungen
- Prozeßoptimierung
- Marketingkonzepte

Wir arbeiten mit namhaften Institutionen (Universitäten, Labors, Technische Büros usw.) eng zusammen.

DIPL. ING. DR. HARALD LÖW
Schweinbergstraße 44, A 8047 Graz, Telefon: +43/664 1972519,
Fax: +43/316 302022, E-Mail: haloew@gmx.at oder haloew@hotmail.com

Ölmühle **Fandler**®
seit 1926

A-8225 Pöllau · Prätis 1 · Tel.: 0043(0)3335 2263
Steiermark-AUSTRIA · www.fandler-oil.com

*Öle ins Feuer
der Sinne...*

*Walnussöl · Haselnussöl · Kürbiskernöl · Mohnöl · Erdnussöl
Mandelöl · Sesamöl · Macadamianussöl · Olivenöl · Distelöl
Leinöl · Rapsöl · Sonnenblumenöl · Hanföl*